人物叢書

新装版

和　宮

かずのみや

武部敏夫

日本歴史学会編集

吉川弘文館

和宮の銅像　　（増上寺所蔵）

和宮の自署「親子」「静寛院」

明治天皇御遺愛 和宮童形人形（法(のり)てつ子氏所蔵）

和宮の筆蹟（宮内庁書陵部所蔵『静寛院宮御詠草』）

ことしはたとせあまり五年に
当らせ給ひぬれば、東山
泉涌寺へまかりて
みさゝぎへ詣つる道のほど
　雨ふり出ければ、
ほしあへぬ袂をなをもぬれよとや
折しりがほにふれる春雨
春雨も折しりがほにふりいでゝ
袂はなをもぬれまさりぬる

（二一三ページ参照）

はしがき

和宮という一皇女の短い生涯が史伝の対象とされ、また一般の人々の関心に上るのは、どのような理由によるものであろうか。それは畢竟、和宮が朝廷と幕府間のいわゆる政略結婚の当事者であることによるものであって、この事件に対する興味を発端として、さらにこの結婚の犠牲者である皇女がいかなる運命をたどり、またその運命にどのように対処されたかという、いわば人間の生き方によせる関心に基づくものということができよう。殊に政略のために、好まぬ縁組を余儀なくされながら、その政略の破綻の後は婚家の存亡に生死をかけざるをえなかったという数奇な生涯は、この関心をさらに深めさせるものがあろうと思われる。

これまで描き出された和宮の人間像は、可憐・繊柔なうら若い女性ながら、雄々しい犠牲的精神の持主として、また悲運に堪えて貞節を守った「日本女性の典型」としての姿であり、その事蹟は「貞婦の亀鑑」・「婦道の権化」という讃嘆の辞をもってつづられている。しかしこのような讃辞は、和宮をもってあたかも完全無欠な人物のように印象づけるものであるが、そこには多分に和宮の遺徳に対する讃仰の思いや、あるいは教化的意図による強調の嫌いを認めざるをえないのである。私は必ずしも在来の和宮観を全面的に否定するものではないが、このような強調のかげに、和宮が皇女として、将又一個の人間として経験されなければならなかった苦しみや、これを克服するために払われた努力の迹がややもすれば軽視せられ、従ってまた生涯の動きを一貫して把握することがおろそかにされたとすれば、それは和宮の一生を理解する所以ではなく、その事蹟を正しく伝える所以でもないと思う。

　小著では、こうした意味から既成の評価や印象にかかわりなく、できるだけ和宮の心象に則して、その事蹟を観察し、叙述するとともに、一代の事蹟を通観するように試みてみた。私としては、これによって従来の和宮の伝を多少なりとも補いえたかと思うのであるが、他面叙述の間に偏向はなかったか、また思わざる誤りもおかしはしなかったかと懼(おそ)れるのであって、これらの点について、大方の御叱正(しっせい)を得ることができれば仕合せである。なお本書には、かなり多数の史料を引用したので、閲読の便をはかるため、漢文体の日記類は仮名まじりの書き下し文に改め、書翰の類にも適宜仮名を送ったほか、原文の片仮名は平仮名に改めたことをお断わりしておく。

終りに、本書の成るについては、先学の業績に負うたところが少なくないことを明記して感謝の意を捧げるとともに、多年御指導を辱くしている土井弘氏並びに後藤四郎氏・中村一郎氏・橋本義彦氏を初め、職場の先輩・同僚の方々から寄せられた数々の御厚意に対して、ここであらためてお礼を申し上げる次第である。

昭和三十九年十二月

武部敏夫

目次

口絵

挿図

第一　生い立ち

誕生

和宮は、いまから四代前の天皇である仁孝天皇の皇女で、孝明天皇には妹宮、明治天皇には叔母宮に当られる。生母は権大納言橋本実久の女、典侍橋本経子である。和宮という名は元来幼称であって、諱は親子と称せられるのであるが、一般には成人されての後もなお和宮の称をもってお呼びしたのである。なお薙髪の後、静寛院宮と称せられたことは周知のところであろう。

和宮の誕生は、弘化三年(一八四六)閏五月十日のことで、この日未刻(午後二時頃)京都御所の東側、建春門のほぼ正面に在った外祖父実久の邸で呱々の声をあげられたのである。和宮が外祖父の邸内で誕生されたのは、当時後宮の女官はその里方でお産をする例であったためで、格別異とするにあたらぬことであった。しかしこの新誕の皇女にとって、極めて不幸であったことは、誕生に先だって、この年正月に父天皇が俄かに崩御されたことであった。このため和宮は、いわゆる遺腹の子として誕生されたのであるが、誕生の時すでに父君の慈愛を受けることのできぬ境遇におかれたことは、この皇女の生涯の歎きであった。

　哀ぞと見ませすべ神ませし世の
　　御影をだにもしらぬうき身を

　袖におく涙のつゆにうつしませ
　　あふかまほしと恋る御影を

この二首の和歌は明治三年、父天皇の二十五回忌に当り、京都泉山の御陵に参拝の際詠まれたものであるが、父君の面影をお慕いになる心情がうかがわれて、哀れ深いものがある。喜びにつけ、悲しみにつけて、父君を偲ばれる思いは一入のものがあったことと想像されるのである。

弘化三年という年

このように和宮は生れながらにして不運な境遇を負われたが、誕生の弘化三年という年もまた、この皇女の多難な生涯の発足を記念するにふさわしく、印象的な年次であった。すなわちこの年閏五月二十七日、米国インド艦隊司令官ジェームス＝ビッドルは軍艦二隻を率いて浦賀沖に来航し、幕府に対して通商条約締結の意向の有無を打診したが、日米両国間に政府間の公式交渉がもたれたのは、実にこの時をもって最初としたのである。わが国と米国との接触は、これまでに天保八年（一八三七）にモリソン号が、弘化二年（一八四五）にマンハッタン号がそれぞれ漂流漁民送還のために来航した先例があるが、これらは米国政府の関知しない事件であった。このように弘化三年は日米国交史上記念される年であったが、他面朝廷の政治権力の回復という点においても注目すべき年であった。すなわちビッドル

米使の来航

渡来の後、六月には仏艦が長崎に、デンマーク船が相模（さがみ）湾上に前後して現われ、八月には英艦が琉球に渡来するなど外国艦船が相ついで来航したため、朝廷では

朝廷の政治関与

八月の末に至り、幕府に対して海防を厳重にすべしとの勅諭を下し、また外国艦船来航の近状を報告するように内達したのであった。このため幕府は十月におよび、その詳細を朝廷に報告したのであるが、この一事は従来政治の圏外におかれていた朝廷が、外患を契機として国政に関与し、政権回復への道を歩きはじめたことを意味するものであった。そしてあたかも和宮の誕生と同年度に起きた対外関係と朝幕関係におけるこのような新事態は、この後進展を続け、緊迫の度を加えていくのであるが、この時期に誕生された和宮が、やがて緊張した時局の犠牲となり、歴史的な政治過程の渦中に一身を投ぜられるに至ったことは、まことに不思議な因縁というべきであった。

命名

誕生の後、七夜に当る閏五月十六日に命名の儀が行なわれ、御兄の天皇（孝明天皇）より名を和宮と賜わった。この名は参議東坊城聴長が勘進したもので、『礼記』に「婦順備はりて后に内和ぎ理まる」（昏儀章）とあるのを典拠とする。先例によると命名の後には産後の忌明けをまって宮中に帰還されるはずであったが、宮中の都合によって外祖父実久がお預かりすることとなり、忌明け後も引続いて橋本邸で養育を受けられることになった。この後万延元年（一八六〇）二月、桂宮邸に移居されるまで十四年の歳月を橋本邸で過ごされたのである。

橋本家で養育

幼年期の経歴

外祖父一家の温かい家庭的雰囲気につつまれ、生母の膝下で過ごされた日常は、宮中での生活よりもかえ

和宮七夜の記事
（宮内庁書陵部蔵『橋本実久日記』）

歳替

って幸福であったことと想像される。しかし幼少の際のこととて、伝えられる事蹟も少ないので、いまはこの間の主要な経歴を中心として、成長の迹をたどることとしたい。まず誕生の年の九月に箸初の祝があり、翌弘化四年十二月には髪置の祝（誕生の後初めて頭髪を蓄わえる祝）が行なわれた。その翌年嘉永元年には三歳となられたが、同年八月歳替を行ない、三歳を改めて四歳とし、誕生日も弘化二年十二月十一日と改定された。また十二月には先例にならって、色直の儀（初めて色ある衣服を用いる祝）をあげられた。歳替の風習は「年あらため」ともいい、古来叙位・任官など官位昇進の都合や、生年の運勢・吉凶、夫婦の相性の適否などに関連して、男女ともに行なわれてきたものである。歳替を行なう事情は人によってそれぞれ異なるものであり、和宮の場合にもそれ相応の事情があったはずである。しかしその事情については、ただ天皇の思召と伝えられているのみで、くわしいことはわからないのである。その間の事情をあえて推測するならば、一つには和宮の生年の干支が丙午であっ

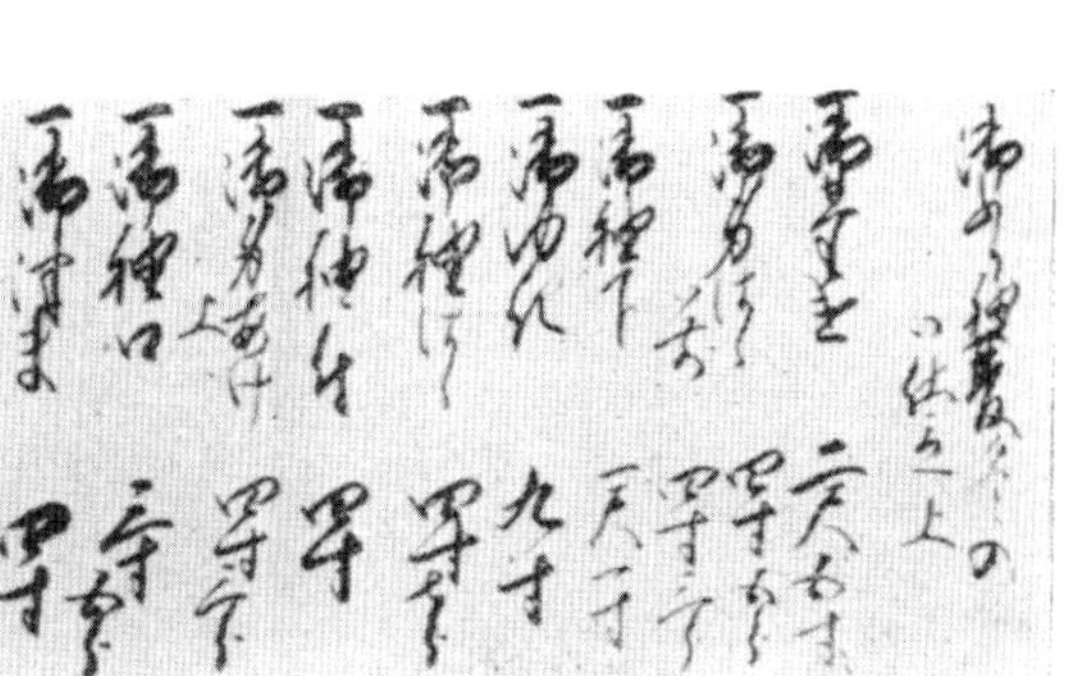

嘉永二年の御服寸法の控（宮内庁書陵部蔵『観行院手留』）

たので、これを避けるためではなかったかと考えられるのであり、また一つには、生年を父天皇の御在世時に繰り上げる必要があったためかとも考えられよう。また色直の儀については、『和宮様御色直御祝之留』と題する生母経子の手記に詳しく記載されている。その中に、祝品の贈答について、「此外は橋本家にならせられ候まゝ、万事御てがろくあらせられ候様（よう）御所より御さたにて、何（いず）かたよりも御到来、けん上物なし」としるされており、諸事簡素に行なわれたことが察せられる。もっともこのような臨時の祝儀のみならず、日常の生活も概して質素なものであったらしく、たとえば四―五歳時の衣服についての記録によると、約半数が縫い直しの品であったことが伝えられているのである。

初参内

ついで翌嘉永二年五月には誕生以来四年にして初めて参内し、天皇に対面された。これより後は毎年少なくとも両三度は参内し、時には数日間宮中に逗留されることもあり、天皇を初め宮中の奥向との親しみも次第に深められたのである。

熾仁親王と婚約

嘉永四年（一八五一）六歳を迎えられたが、この年の経歴で特記しなければならぬことは、七月、天皇の思召によって有栖川宮の幟仁親王の王子熾仁親王と結婚の内約を結ばれたことである。この縁談は関白鷹司政通の斡旋によるものといわれ、時に熾仁親王は十七歳であった。有栖川宮は伏見・桂・閑院の三宮家と並ぶ世襲親王家の一つであって、後陽成天皇の皇子好仁親王を始祖とし、好仁親王の後は後水尾天皇・後西天皇・霊元天皇の皇子が相ついで継承され、熾仁親王は霊元天皇五世の子孫であった。

皇女結婚の例

いま江戸時代における皇女の結婚について顧みると、後水尾天皇より光格天皇に至る間、女帝を除く九代の天皇の皇女は七十二方を数える。その中には幼少で薨去された方も少なくないが、結婚された方は後桃園天皇の皇女で、光格天皇の皇后となられた欣子内親王初め十一方を数えるに過ぎない。その婚家としては特に規定があったわけではないが、実例より帰納すると、伏見・桂・有栖川・閑院の四宮家と、近衛・九条・一条・二条・鷹司の五摂家の範囲に局限されていたらしく、実例としては、伏見宮二例、閑院宮一例、近衛家三例、二条家二例、九条家・鷹司家各一例があげられる。なおこれらの諸例のほかに、婚約のみで終わったものに徳川将軍家（霊元天皇皇女八十宮と七代将軍家継の婚約）があるが、これは政治的配慮に基づくもので、むしろ異例のことであった。従ってこれらの諸家に良縁が求められない場合には、独身で生涯を過ごされざるをえず、尼僧となって門跡寺院を相続される方が多かったのである。このような事情を考えると、和宮が熾仁親王と婚約されたことはまことに慶祝すべきことであった。

桂宮邸に移居

この婚約についで同年十二月には深曽木の儀（頭髪の端を切りそろえて髪の長くなるのを祈る祝）、六年十一月には紐直の儀（童児の附紐の風を改め、初めて帯を用いる祝）が行なわれ、越えて安政四年（一八五七）十二月には鉄漿始の祝（初めてお歯黒をつける祝）が行なわれた。かくて幼かった和宮も安政六年には十四歳となられ、同年四月にはいよいよ明年の冬をもって有栖川宮に入輿のことと定められたのである。この間、安政四年正月、誕生以来養育に当ってきた外祖父の実久が死去し、その後は実久の男実麗があらためて和宮をお預かりすることになったが、やがて入輿の時期も定まると、橋本邸に居住されることも不適当となったので、万延元年（一八六〇）二月、誕生以来住みなれた橋本邸を出て、桂宮邸に移居された。桂宮にはたまたま当主がなく、空殿であったので、入輿までの仮の住居として用いられたのである。ちなみに、この宮邸は安政元年皇居炎上の後しばらくの間仮皇居にあてられ、当時桂御所と称せられていた。現在京都御所の東北、今出川門を入ったところにその邸址があり、殿舎の一部は二条城内に移築されている。以上のようにして、万延元年に至るまで、和宮は平穏・順調な年月を送り迎えて、有栖川宮との婚儀も間近いこととなったが、ここに端（はし）なくも将軍徳川家茂（いえもち）に対する皇女降嫁の議が起こり、万延元年を転期として、これより多事多難な日々を過ごされることとなるのである。

なおここで和宮の父母・兄弟および橋本家について一応述べておきたい。

御父

まず御父の仁孝天皇は光格天皇の第六皇子として寛政十二年（一八〇〇）に御誕生、文化十四年（一八一七）に皇位を継ぎ、在位二十八年

桂宮邸址（京都御苑今出川門内）

仁孝天皇御画像（宮内庁書陵部蔵）

余に及んだが、弘化三年正月二十六日、上述のように和宮の誕生に先だって崩御せられた。時に御年は四十七で、俗にいう働き盛りの年輩であった。その崩御は全く突然のことで、正月二十三日にたまたま風邪気味で病床に就かれたのであるが、二十六日に至って御容体が急変したのであった。天皇のお人柄については、孝謹仁慈で、好問のお徳が高く、深く学問を愛好されたと伝えられている。その好学の御事蹟としては、古典会読の会や古写本の校合をしばしば行なわれており、殊に公家の子弟の修学について御留意になり、修学機関の設立を計画された。この計画は天皇の御存生中には講堂の敷地を決定しただけで終わったが、次代の孝明天皇によって継承・実現されることとなった。これが今日の学習院大学の起原となったのである。

御母

生母の橋本経子は文政九年(一八二六)に誕生、初名はおすめという。天保十年(一八三九)仁孝天皇の後宮に入って典侍となり、新典侍と称した。この時十四歳であったが、天皇の思召によって十六歳に改めたという。和宮のほかに、天保十五年十一月、第七皇子胤宮を生んだ。和宮を生んで後、弘化三年十二月、仁和寺門跡の済仁親王を戒師として薙髪し、法名を観行院覚影と称した。この後宮中を退き、橋本家に居住して和宮の養育に専念し、その降嫁の際には随従して江戸に赴き、慶応元年(一八六五)八月、江戸城内で死亡した。享年四十歳であった。

橋本経子自署
「観行院」

次に和宮の兄弟について述べると、和

宮は末子で、兄宮七方、姉宮七方があった。しかしその中で同母の方は上述の胤宮のみで、他はいずれも異母兄弟であった。これらの皇子女は不幸にも一－二歳乃至三－四歳で夭折(ようせつ)された方が多く、胤宮も弘化二年九月満一歳にみたないで薨去された。それで十五人の御兄弟の中で成人されたのは、和宮のほかには兄宮に当る孝明天皇と、姉宮の敏(とき)宮の二方のみであった。世上に和宮を第二皇女と記載したものもあるが、これは成人された姫宮が二方であったことから誤り伝えられたものである。和宮誕生の年には孝明天皇は十六歳、敏宮は十八歳で、年齢に相当距りのある御兄弟であった。なお孝明天皇については、ここで述べるまでもないが、敏宮について一言すると、宮は名を淑(すみ)子といい、文政十二年(一八二九)に誕生、天保十一年(一八四〇)閑院宮の愛仁(なるひと)親王と婚約されたが、同十三年親王の薨去により結婚されるに至らず、生涯を独身で過ごされた。後に文久二年(一八六二)桂宮を相続し、明治十四年(一八八一)十月薨去された。享年五十三歳であった。

橋本家

橋本家はいわゆる閑院流（閑院太政大臣公季の子孫の堂上家）の系統に属する堂上家で、太政大臣西園寺公相の四男参議左中将実俊（一二六〇—一三四一）を家祖とする。その家格は羽林家と称するもので、官途は近衛の中・少将を経歴して累進し、正二位・権大納言にまで昇ることができた。羽林とは近衛府の唐名で、この家々の官途がいずれも近衛の武官を経歴することによって名付けられたものである。この家格に属する諸家は、江戸時代では藤原氏凡そ二十家、源氏四家を数え、同等の家格である名家の堂上諸家と相並んで、宮廷貴族の中堅階層を形成するものであった。橋本家は家禄は五百石に過ぎなかったが、羽林家・名家の中では上級に位置する家で、明治十七年華族令制定の際には伯爵を授けられている。なお江戸時代では公家の子女で、宮中に出仕して典侍となることのできたのは、羽林家と名家の出身者にかぎられ、これより低い家格の堂上諸家の女は、典侍より一段下級の掌侍に任ぜられるのが普通であったという。また羽林家・名家より上層の家柄である摂家・清華・大臣家からは女官として出仕しない例であったといわれる。

和宮の外祖父実久はこの橋本家十五代の当主で、寛政二年（一七九〇）誕生、文政三年（一八二〇）右近衛権中将となり、累進して天保七年（一八三六）権中納言に任ぜられ、同十三年五十三歳の時、橋本家としては先例のない議奏の職に補せられた。議奏は武家伝奏と並ぶ朝廷の重職で、その職掌は下より職事を経て申し出たことを関白に取次ぎ、天皇の仰せを関白を経て職事に命ずることのほか、官位の勅問を初め朝廷の大小のことについて悉く相談にあずかるものであった。定員は五名で、現任または前官の大・中納言から選任される例であるが、時には参議もこれに補せられることができた。実久が家例にないこの職に補せられたことは、彼が凡庸の資でなかったことを示すものであろう。この議奏在職の労によって、嘉永元年（一八四八）同輩を抜いて権大納言に任ぜられ、翌年これを辞したが、同四年に議奏勤仕と和宮養育の労によってその本座を許された。これはいわば権大納言の前官礼遇ともいうべきもので、議奏の職と同様に橋本家の家例としては、これまでになかったところである。安政四年（一八五七）正月、六十八歳をもって死去した。実久の死後橋本家を相続したのは、実久の男実麗であった。

橋本実麗

実麗は経子の兄に当り、文化六年（一八〇九）誕生。実久の死後和宮をお預かりしてその養育に当ったが、この後も薨去に至るまで、肉身の伯父として、また外戚家の当主として、終始かわらず和宮のために尽くし、万端の相談相手となったのである。官歴は安政四年参議となり、文久三年（一八六三）に権中納言に、慶応三年（一八六七）に権大納言に任ぜられた。その間文久二－三年の交には国事御用掛・国事参政となり、攘夷派の堂上として活躍したが、維新後は一時参与に任ぜられたのみで、政界に立つことはなかった。しかしその日記によると、閑院流旧公家の長老として、同族の間に重きをなしていたことが知られる。和宮の薨去におくれること五年、明治十五年十月に七十四歳をもって死去した。

橋本実梁

なお実麗の嗣子実梁は明治元年官軍の江戸進撃に際して、東海道鎮撫総督・東海道先鋒総督として活躍し、維新後は渡会府（のちの三重県）知事・式部助・掌典を歴任して、元老院議官となり、明治十八年五十二歳をもって死去した。

第二　政略のために

一　降嫁問題の発端

将軍徳川家茂（いえもち）の夫人に皇女を迎えようということが朝廷と幕府との間で公然と論議されるようになったのは、大老井伊直弼（なおすけ）の遭難直後、万延元年（一八六〇）四月のことであった。しかしこのことは、当時幕閣の主脳であった老中久世広周（くぜひろちか）や安藤信正などの発案によるものではなく、実は直弼の在世時よりすでに画策（かくさく）されていたもので、裏面の内議はその前々年、安政五年の秋ごろより始められていたのである。

安政五年の政情

安政五年の秋といえば、かの安政の大獄が端を発した騒然（そうぜん）たる時期であった。

これより先同年三月、幕府は日米通商条約の調印勅許を朝廷に奏請したが裁可を得ることができず、また将軍家定の継嗣の選定についても、紀伊藩主の徳川慶福（家茂の前名）の迎立を内定したにもかかわらず、勅諚として一橋慶喜を擁立することを諷示された。このように朝廷が幕府の施政方針に反対し、これを制約するに至ったのは、水戸斉昭・松平慶永・島津斉彬を初めとする一橋派の諸侯・藩士・浪人などの入説によるものであった。このような情勢に反発した幕府当局は、四月彦根藩主井伊直弼を大老に任命して一橋派の策動に対処させることとなったが、直弼は就任の後、遂に勅許を待たないで条約の調印を敢行し、ついで慶福の迎立を決定・公表するとともに、斉昭・慶永などを処罰して一橋派の勢力を抑圧したのである。しかるに一橋派はさらに朝旨をかりて直弼の打倒と慶喜の擁立とを実現しようと謀り、このことを盛んに朝廷に入説した結果、朝廷は同年八月幕閣の改造と慶喜の擁立を諷諭した密勅を水戸藩および幕府に下すに至った。またこれ

朝幕関係の悪化

安政の大獄

について朝廷では関白九条尚忠を排斥して辞表を捧呈させ、故将軍家定の継嗣家茂の将軍宣下をもことさら遷延させたのであった。尚忠は朝廷における幕権擁護の巨頭であって、「関東関白」(『三浦吉信所蔵文書』)とまで呼ばれていたが、幕府はこの尚忠失脚の形勢を見て、断乎強圧政策をもって朝廷ならびに一橋派に臨むことを決意した。そして、かねて外交事情を弁疏するために上洛の予定であった老中間部詮勝を急遽出発させ、条約勅許の奏請と一橋派志士の弾圧に当らせることとなったのである。詮勝が著京したのは九月十七日のことであるが、この前後幕吏をして梅田雲浜その他の志士を逮捕させ、その後も逐次検挙の範囲を拡大して朝臣を威嚇し、この圧力を背景として尚忠の辞表却下、家茂の将軍宣下、条約調印の勅許を朝廷に強請したのであった。皇女降嫁の議はあたかもこの際に生じたのである。

皇女降嫁策の発端

当時間部詮勝の上洛に先だって京都に上り、朝臣や志士の動静を探索していた彦根藩士長野主膳(義言)は、これより先八月かねて親交を結んでいた九条家の家臣島田左近（龍章）より皇女と将軍の縁組について内談を受けていたが、その後九月二十五日江戸に在る同藩の公用人宇津木六之丞（景福）に手紙を送り、この縁組のことを進言したのであった。その書中には、

今度間部侯之御用は大切にて、第一此度墨夷（米国）条約之一件相済み候はゞ、直に一体近来御所之御政事甚だ猥ケ間敷、別て不如法之法親王を主上之御座近く召され、御政事向之御相談等遊ばされ、非職無役之堂上方天下之御政事をかきまはされ候より惑乱を生じ候故、以後右様之事これなき様、殿下（九条尚忠）之仰之通り、十七ケ条（公家法度）之御改復之遊ばされ、其上皇女御申し下し之一件と、堂上方御助力等之御取極方、万代不易之道を建て候て間部侯御帰府相成り候はゞ、此上なき御大切は勿論、公儀（幕府）にも永世之御安心と存じ奉り候。

（『井伊家秘書集録』）

と、抜本的対朝廷策の一つとして皇女降嫁の必要を献策したのである。主膳は直

弼腹心の謀臣で、策動家として胆略があり、専ら京都方面の入説工作を担当して暗躍した人物である。日米条約締結に反対していた九条尚忠を親幕派に転向せしめたのを初めとして、条約勅許・将軍継嗣の両問題をめぐって盛んに策謀につとめ、安政の大獄もまた主膳が朝臣・志士の行動を摘発（てきはつ）し、その弾圧を強く主張したことに端を発したのである。この主膳の献策に接した六之丞は直弼の意をうけ、十月二日附の次の返翰を送って、全面的に賛意を表し、主膳にその周旋（しゅうせん）を依頼したのであった。

六之丞の返翰

いよ〳〵関東之思召、主上え貫徹致し候得ば、条約一条も穏（おだやか）に相済み申すべく、其上にては御所向御政道猥ケ間敷事共は十七ケ条之御法則を以て御改正、弥（いよいよ）以て公武御合体、皇女御申し下しと申す場合に至り申さずては後患計り難く、此儀は君上（直弼）と殿下御在職にこれなくては相整い申さずとの御見込、至極御尤に存じ奉り候。素（もと）より右等之処、君公之御眼目に御座候間、何分にも御丹精下さるべく候。

（『井伊家公用方秘録』）

幕府の意図

この往復書翰によると、幕府は志士を弾圧し、朝臣を威嚇して朝廷を屈伏させた機に乗じて、朝幕関係を規制するために抜本的措置を講じようと欲し、その方法として公家法度の厳守・励行と朝臣に対する経済的援助と並んで、皇女の降嫁を策したのであった。そして皇女降嫁策の直接の目的が、これによって朝幕間の

公武合体の保証

融和を図るとともに、公武合体の保証としようとするものであったことは、両書翰の文面から容易に察することができよう。しかもここにいう「公武合体」の意味するところは、朝幕間の協調・互譲による一体関係をさすよりはむしろ政治は幕府に一任し、朝廷は幕府の施政をそのまま容認することを原則とした、いわば幕府優位の朝幕関係を意味するものであり、このような関係を回復・維持するための方策として、皇女の降嫁が有効であると考えられたのである。

家茂の経歴

家茂は紀伊藩主徳川斉順の子で、十一代将軍家斉の孫に当る。和宮の誕生より

降嫁候補の皇女

二週間後の弘化三年（一八四六）閏五月二十四日に誕生した。幼称を菊千代といい、初めの名を慶福と称したが、宗家相続の後家茂と改めた。嘉永二年（一八四九）叔父斉彊の後を承けて同藩十三代の藩主となったが、上述したように安政五年六月将軍家定の養嗣となり、ついで七月家定の死去によって宗家を相続し、十月に至り将軍宣下を受けたのであった。時に家茂の配偶とするため紀伊藩主時代から伏見宮貞教親王の妹則子女王（倫宮（みちのみや）一八五〇―七四）との間に縁談があったが、家茂が宗家を継いだため、自然決定が遷延していたのであった。

徳川家茂画像

ではこの時将軍の夫人に擬せられた皇女は誰であったか。主膳・六之丞の往復書翰にはその人名を全く記載していないので、当時は誰とも決定していなかったことと思われる。この当時の皇女には、先帝仁孝天皇の皇女敏宮・和宮の二方と、今上天皇の皇女の富貴宮（一八五八―一八五九）がおられた。この中で敏宮は当年三十歳で、十三歳の家茂の配偶者としては不適当であり、和宮は家茂と同年で、年齢的にはふさわしかったが、すでに熾仁親王と婚約済みという難点があったし、また富貴宮は当年六月誕生されたばかりの嬰児に過ぎなかった。しかし翌安政六年五月二十五日の議奏中山忠能の日記に、「大樹（将軍）妻、御直宮（皇子女をいう）之内を以て、富貴宮を申し下すべき処、御幼稚之間、和宮を申し下すべき哉之旨内評ある由也」との記事があり、また同年八月、九条尚忠が直弼に対して、和宮を降嫁の皇女とすることについてあらためて諒解を求めていることなどに徴すると、尚忠と直弼の間の内交渉の当初では富貴宮が第一候補ではなかったかと想像せられる。富貴宮は全くの嬰児ではあったが、本来政略のための結婚であってみれば、富貴宮が今上天皇の嫡出の皇女であり、その生母の准后夙子（後の英照皇太后）が尚忠の女であることは、年齢の不相応を補ってあまりあることであった。

近衛忠煕・酒井忠義の会談

以上のようにして皇女降嫁の議は、上掲の主膳・六之丞の往復書翰の文面からも察せられるように、九条関白と井伊大老を結ぶ線で内交渉が行なわれていたが、これと同時期に別の経路でも内々論議されたことが『岩倉公実記』に伝えられている。それによると、安政五年十月一日左大臣近衛忠煕が新任の京都所司代酒井忠義を自邸に招き、前内大臣三条実万を交えて時局の収拾について意見を交換し

加納繁三郎の提案

た際、忠煕は忠義に対して、前日京都西町奉行所与力の加納繁三郎より、「若し和宮が将軍に降嫁されることになれば、幕府は天下に公武合体の実を示すことになり、条約破棄の方策をもすみやかに立てることができるであろう」との意見を聞かせられ、これに対して自分は有栖川宮との婚約がないならば、降嫁の可能性もあるだろうと答えたということを紹介したところ、忠義は心中頗る感ずるとこ

ろがある様子であった、というのである。この会談の日が十月一日であったか否かは別として、会談そのものについては、前掲の『中山忠能日記』に、「此事（皇女降嫁の議）旧冬若狭守（酒井忠義）上京之頃、陽明家（近衛家）に於て既に口気あり、実万公同席聞き及ばる丶由也」と記載していることと符合しており、このような意見の交換が行なわれたことは間違いがない。この会談の内容を九条・井伊の交渉と比較すると、皇女の名を和宮とあげていることが相違し、さらにその意図するところにも相違の存することを認めざるをえないのである。すなわち繁三郎の提案自体が条約破棄を目的とする点、直弼らの企図と相違するものであるが、さらに忠煕が繁三郎の提案を紹介した意図も直弼らのそれと大きな相違の存することが考えられる。

近衛忠煕の意図

忠煕・実万は朝廷における一橋派の中心人物で、忠煕は当時尚忠に代って内覧（太政官から奏上の文書を天皇に奏する前に内見して、万機を宣行する職）の地位にあり、幕府の干渉・圧迫がなければ関白となる予定であったが、いまやその失脚は必至の情勢にあった。そして忠煕・実万の両名は、この月二日・十一日の両日にも忠義と会談し、朝廷の立場を説明し、朝幕間の緊張を緩和する方策について意見を交換しているのである。このような忠熙らの立場と、その行動とを考え合わせると、忠熙が繁三郎の提案を紹介したのは、恐らく皇女降嫁をもって、朝幕間の緊張緩和・公武融和の一策であることを忠義に諷し、その関心をひこうとするためではなかったかと考えうるのである。かくて皇女を将軍に配しようとする案は、安政五年の秋より冬にかけて、一橋派志士の検挙の引続く間に、一方では幕権回復・朝廷控制のための抜本的措置として、他方では朝幕間の緊張を緩和して朝廷の安泰を図るための時局収拾策として、朝幕双方の責任者によって取上げられたのである。

降嫁策の目的

以上のように皇女降嫁の問題は、九条・井伊と、近衛・酒井の二経路で端を発し、降嫁の皇女も富貴宮と和宮の二方が考えられていたが、近衛・酒井の経路はその後間もなく忠熙・実万が失脚したために自然消滅することとなった。これに対して九条・井伊の経路も安政の大獄の進展によって、急速な展開は見られなかった。しかし翌六年になり、政情の動揺も収まると、この降嫁問題もようやく進展し、朝臣の間でも論議されることとなった。そしてこれとともに和宮の存在が次第に注目されることとなり、上述の『中山忠能日記』に見られるように、朝廷有司の間で和宮の降嫁が内議されることになったが、同年八月富貴宮が薨去されたため、皇女降嫁の問題はおのずから和宮の一身に関することとなったのである。なお幕府でもこのころに至り、家茂と則子女王との縁談を打切り、皇女を迎える方針を固めることとなったのである。

和宮、家茂夫人に擬せられる

二　降嫁の奏請

酒井忠義の下工作

越えて万延元年（一八六〇）、幕府はいよいよ和宮の降嫁を奏請することに決した。所司代として京都に在った酒井忠義は、二月十六日・十八日・十九日の三日間にわたって家臣を橋本実麗（さねあきら）の邸に遣わし、降嫁について何事かを相談させたのを初めとして、朝臣に対する裏面工作を行ない、幕府より公然奏請した場合支障の生じないように周旋を依頼したのであった。

直弼の死

この後三月三日に至り、井伊直弼が桜田門外で斃（たお）れたが、直弼の横死は幕府をして一層この縁組の必要を痛感させることとなった。

主膳の促進運動

長野主膳が直弼の死後なお主命と称して、忠義の用人三浦七兵衛（吉信）に宛てた三月十二日附の書翰で、「皇女の縁談の進行中今回の悪謀（桜田の変を指す）が起こり、種々虚説も流布しているので、この際すみやかに天下の疑惑をはらすことが肝要である。ついては皇女の中でも年長の和宮を申し下して縁組されるならば、国内の人士は勿論、外国人もいよいよ公武一和の義を心得ることとなり、何よりも国家の利益となることであるから、なにとぞ皇女降嫁の運びとなるように尽力願いたい」と述べていることは、これまで朝廷を制御するために計画された縁組が事態の急変にともなって、反幕府運動を緩和するための緊急の時局対策に転化

反幕府運動の対策

してきたことを示すものであった。この後文久二年に流布（るふ）した諷刺に、「小軍家偽りて姫宮を迎ひ入、寅（とら）の位（い）もからん計（ばか）りの事」（『文久壬戌大小ゐとう入文久太平記』）という一句がある。これは和宮が婚儀を挙げられた同年二月の月の大小、朔日（ついたち）の干支（えと）にかけて、この降嫁一件を諷したものであるが、幕府の意図は一般庶民も鋭くこれを感じとっていたことがうかがわれる。

幕府和宮の降嫁を奏請

かくて大老直弼の遭難を眼前にして、政策の転換を迫られた幕府当局は、公武一体を標榜（ひょうぼう）して和宮の降嫁の実現を図ることとなり、四月一日老中連署の奉書を忠義に送り、和宮降嫁の内請を関白九条尚忠に申し入れることを命じた。その文面には、「将軍は霊元天皇の皇女八十（やそ）宮と七代将軍家継との婚約の先例もあることなので、皇女との縁組を希望している。ついては和宮は年頃も相応で、最も適当な相手と考えられるから、有栖川宮との婚約を取止め、将軍と縁組されるように取計らわれたい。この縁談が整うならば、公武一和の筋を国内は勿論、外国にまでも明示することとなり、何よりも国家のためとなることであるから、この旨を篤と関白に内談してほしい。なお和宮が今上の御養女と定まるならば一層好都合であるから、そのつもりで尽力されたい」とあり、皇女と徳川氏との結婚が決して新例ではないことを明らかにするとともに、この縁組の政治上の重要性を説いたものであった。しかしここにいう政治上の意義も、畢竟幕府の利害に関するものであることは、この後四月二十三日老中より忠義に宛てた交渉督促の書翰に「一般御一和之筋を辨え候へば、益御安心之基ニ付（中略）御手間取相成り候ては此節柄故別して御不都合」（『尚忠公記』）であると述べていることを見ても明白であろう。

公武一和による幕権の維持

尚忠は十二日忠義よりこの内願に接したが、下工作がなお不十分と思ったものか、その内奏を差し控えていたが、やがて忠義の催促により、五月一日これを天皇に奏上したのであった。かくて安政五年の秋以来画策されてきた皇女降嫁問題は正式に朝幕間で交渉されることとなったのである。

天皇、幕府の奏請をしりぞけられる

尚忠より幕府の内請を聞かれた天皇は、もとよりこの縁組を好まれなかったが、他面幕府の願意が公武一和を目的としているため、これを拒絶した場合の影響を考えられ、その諾否について頗る迷われたのであった。しかし久我建通以下議奏・武家伝奏らに諮られた結果、結局幕府の内願を謝絶することとせられ、五月四日尚忠をしてその思召を忠義に伝達させられた。天皇が謝絶の理由として示されたのは、㈠和宮はすでに有栖川宮との間に婚約があるので、これをいまさら破談にしては名義にもとること、㈡和宮は先帝の皇女で、しかも異腹の妹宮であるので、義理合い上、天皇の思召のままになしえないこと、㈢和宮は年少のこととて、関東の地は夷人の来集する土地と聞いて恐怖しておられること、以上の三点であった。これらの理由はいずれももっともなことであったが、天皇は、この縁談を断わった結果、朝幕関係が先年の如く悪化し、再び幕府の弾圧を受けるような事態を惹起してはと御憂慮になり、これを防ぐため、この縁談を謝絶するからとい

謝絶の理由

って、幕府に対して隔心をもっているわけではないとの思召を特に附言し、幕府有司が疑念を抱かぬように要望された。直弼の死によって時勢転換の兆が見られたとはいえ、朝廷にとって安政の大獄の痛手はなお生々しいものがあったのである。

忠義御再考を請う

この天皇の思召を尚忠より伝達された忠義はまず自分一存で認めた奉答書を上り、天皇が示された拒絶の理由について一々反論した上、この奉請が不許可の場合には自然公武の間が阻隔しているという印象を一般に与え、幕府有司もまた同様の疑念をもつに至るであろうと、縁談不成立の際の影響を強調して、御再考を求めたのであった。しかし天皇はこの奉答書を却下させ、同月十九日尚忠に対し、過日の思召をすみやかに幕府に通達するように命ぜられた。

幕府の降嫁再請

幕府は奏請が不許可に終わったとの報を受けると、五月二十六日再び忠義に書翰を送り、重ねて奏請することを命じた。その趣旨はさきに忠義が一存で奉答したものとほぼ同様であったが、特にこの縁組の政治的意義を強調し、敷衍したも

縁組は人心一致外夷防禦の前提

のであった。すなわちこの縁組は幕府が朝廷を崇敬し、公武一体の間柄にあることを国の内外に示す明証となるもので、畢竟は「一天下之御治道第一之御事」(『尚忠公記』)であると力説するとともに、さらにこのことが外交問題の解決にとっても重大な意味をもつものであることを指摘し、この縁組を懇望する理由も「第一御国内之人心一致致させ、追々防禦之方厳重之御備に相成るべしとの深重御趣意之辺にも御座候」(同上)と説き、和宮の降嫁は攘夷を決行するためにも必要であると論じたのである。先年間部詮勝が上京して日米通商条約の調印勅許を要請した時、天皇は幕府の圧迫にもかかわらず、遂に勅許を与えられず、僅かに鎖国攘夷の措置をとることを猶予(ゆうよ)されたに過ぎなかった。従って幕府が今般の奏請に当り、この縁組の理由を攘夷という外交措置に関連させて説いたことは、これによって、鎖国の制の維持を欲せられる天皇の意を迎え、縁組の勅許を容易にしようとしたものにほかならなかったのである。忠義は六月三日この老中の書翰を尚忠に呈し、縁組の勅許を重ねて奏請したのであった。なお幕府はこのように和宮の降嫁を再び奏請するとともに、朝廷内の反対者に圧力を加え、勅許に関する障害を除こうとした。すなわち和宮の生母観行院と伯父の実麗はかねてこの縁組に反対の態度をとっていたが、幕府当局は勅許が容易に下らないのは、一つにはこの両名の反対に基づくものと察し、両名の叔母で、十二代将軍家慶の上臈であった勝光院(姉小路と称す、一八一〇―八〇)をして、両名の説得に当らせることとした。勝光院は六月二日実麗に一書を寄せ、和宮の降嫁要請は公武一和のためであり、かたがた朝廷の利益にもなることであるから、枉げて同意するようにと勧説し、もし両名の反対によって勅許の思召が妨げられるならば、処分を受ける恐れもあることを諭したのである。この結果実麗は議奏久我建通をもって、降嫁のことは一に天皇の思召に従うことを言上したのであった。幕府はまた議奏徳大寺公純が兎角幕府に対して協調的でないので、このまま勤仕させては公武一和の妨げになるとの理由をもってその退職

勝光院の運動

徳大寺公純の罷免

を迫り、遂に六月十八日これを辞職させたのであった。思うに、公純を処分することによって朝臣の反対意見を圧迫し、勅許の促進を図ったものであろう。

岩倉具視の周旋

さて天皇は幕府が再び降嫁を奏請すると、事のなりゆきを憂えられ、その処置について岩倉具視(ともみ)に諮問(しもん)せられた。具視は家格も低く、官職も当時右近衛権少将に過ぎず、到底このような重要事件の諮問に預かる立場にある者ではなかったが、堂上第一の策士と目されており、またその実姉の堀河紀子(もと)は右衛門典侍と称して宮中に仕え、天皇の寵(ちょう)を得ていた関係もあって、天皇の御信任も厚かったのであった。橋本実麗の日記によると、この年二月酒井忠義の家臣が実麗の邸を訪れた時、具視もまたこれに参会し、実麗の注意をひいたことが見えているが、これによると具視は早くから降嫁問題について忠義と通ずるところがあり、裏面工作に参画(さんかく)していたものと思われる。具視がどのような立場と手段をもって、この問題に関係するようになったかを考えてみることは興味あることではあるが、それはさておき、具視がこの時天皇に上った献策は論旨犀利（さいり）、文章明快であって、彼が並々ならぬ人物であることをうかがわせるに足るものである。いま『岩倉公実記』の記載に従って、その内容を要約して掲げると次の通りである。

具視の献策

関東の覇権がすでに地に墜ち、昔日の威のないことは、大老が白昼暗殺されたことによって明らかである。さればいまや幕府は国政の大権をあずかる力はないものと断ずべく、この無力な幕府をして内憂外患を防遏（ぼうあつ）せしめ、国威の更張（こうちょう）を望もうとするのは、譬（たと）えば長竿（ちょうかん）をもって天上の星をたたき落そうとするようなもので、労多くして、実効のないことと思われる。従っていまやまさに朝権回復の機会が到来したというべきであるが、

岩倉具視像

朝権回復の時節到来

隠然たる回復策

和宮の降嫁は皇威の消長にかかわる

朝権の回復を急ぐあまり、武力をもって幕府と争うことは、現下の国情ではかえって国内の争乱を惹起し、外国の侵略を招く恐れがあるのではなはだよろしくないと思う。むしろ今日の事態では隠然たる方策により、名を捨て、実を採ることを肝要とすべきである。幸いに過般来幕府は熱心に和宮の降嫁を請願しているので、もし公武合体を表面の理由としてこれを允許し、今後外交問題はもとより、内政についても大事は必ず奏聞の後施行するよう幕府に沙汰されるならば、すでに無理な請願を允許してもらった幕府としては、この御沙汰に背くことはできず、お請けすることは必然と思われる。こうなれば、幕府はなお大政委任の名義を有していても、政治の実権は朝廷に在ることになり、ここにおいて朝廷は、隠然として政権を回復することが可能となるであろう。されば今日和宮の御一身は実に九鼎よりも重く、降嫁の請願を許容するか否かは皇威の消長にかかわる重大問題というべきである。願わくはこの点に深く留意せられ、まず幕府に条約の破棄を命じ、もし幕府が誠心誠意これを奉承するならば、国家のためと思召され、降嫁の奏請を勅許せらるべきである。

ここにおいて和宮降嫁の問題は、朝権を回復し、攘夷を実行するための楔子（くさび）として明確に意義づけられ、これまで幕府の強請になかば困惑の状態にあった朝廷は、一転してこの問題の主導権をとることとなったのである。

天皇の御回答

天皇はこの具視の建言に接し、ようやくお心も動き、幕府の請願を聴許（ちょうきょ）する気持になられ、六月二十日第二回の請願に対して、大要次のような御趣意の勅書を尚忠に与えて、幕府と応接せしめられた。その要は「和宮の降嫁が真実公武一和のために必要であるならば、あながち不承知というわけでもない。しかし外人の往来する関東の地へ縁組するとあっては衆心も動揺することと思われるので、憂慮に堪えない。一体鎖国攘夷は年来の念願で、すでに三社にも祈願した程のことであるが、朕の代よりこの国是を変更するようなことがあっては、神宮を始め先帝に対して申し訳なく、その対策について心痛している次第である。かかる際に先帝の皇女を外人往来の地へ縁組させることは実に忍びないところであるが、和宮自身もまた外人のことを聞き及びはなはだ恐怖しているので、このままの状態ではたとえ勧めてみても到底納得しないことと思われる。それ故外国との通商を拒絶し、せめて嘉永初年ごろの情勢に復するならば、和宮に篤と申し諭してすみやかに縁談を進めるつもりである。この趣旨を幕府が諒承するならば、初めて公武合体の実があらわれ、公武ともに万代長久、喜びに堪えない次第である」というにあった。尚忠は二十二日この勅書の写を忠義に授け、またこれに添書して、幕府がこの縁組を成立させようと欲するならば、まず天皇の思召にかなった外交措置を決定することが先決であると諭したのである。これを要するに、この勅書の骨子は嘉永初年の状態すなわち鎖国の体制に復旧することを、和宮降嫁の条件

鎖国の復旧が婚約の条件

として提示されたものであり、ここに至って幕府のみならず、朝廷みずからもまた和宮とその結婚を政略の手段として利用することになったのである。

第三次奏請の却下

この勅書に対して幕府は七月四日武備充実の上、外交を拒絶することを奉答して、三度(みたび)降嫁を請願したが、その奉答書には具体的な外交措置が答えられていなかったため、天皇はこれを却下し、「一廉箇様(ひとかどかよう)と申す儀、実意を以て示談」(『中山忠能履歴資料』)するよう要求された。この結果幕府は七月二十九日遂に鎖国攘夷実行の誓約を要旨とする奉答書を上(たてまつ)ることとなった。その内容を要約すると、「目下交易を許可しているのは一時の権道(けんどう)であり、武備充実の上は御沙汰の如く誓って外交関係を拒絶するつもりである。しかし武備を充実するには国内の人心の一致が必要であり、人心の一致のためには公武一和の姿を天下に明示することが肝要である。このことなくしては、専心して外夷防禦の方策を確立することはできない。また天皇の御沙汰は外人の即時打払いを望まれるようにも受取れるが、すでに条約を

幕府の修正奏請

武備充実には公武一和の要あり

締結した現在では、無法に外人を打払うことは名分を失い、国家の信義も立ちがたいので、かえって国威を損なう因となるばかりである。しかも国内不一致の際に外患が起きては、その虚に乗じて内乱もまた生ずることを覚悟しなければならない。かくて内外一時の擾乱となっては、これをよく収拾することは至難である。従って今日の形勢においては干戈を動かして攘夷を断行することは不得策というべきであり、幕府が先年攘夷の猶予を得ているのもこの理由によるものである。しかし幕府においては攘夷猶予の勅諚を拝して以来、油断なく武備の充実に専念しており、さらに衆議を尽くし、計策をめぐらした結果、今後七―八カ年乃至十カ年の中には、その時の情勢に応じて、必ず外国と交渉して条約を破棄するか、または外国を撃攘するか二途の中いずれかの処置を採り、叡慮の立つように処置する覚悟である。またこの年限内でも外国が条約に背き、国制を犯すようなことがあれば、断乎処置するつもりである。しかしかかる処置をとるにも国内の一致が肝要であるから、これがためには和宮の降嫁を御允許あるよう御考慮願いたい」と述べ、さらに「この縁組が整うならば、国内の人心一致の結果、夷狄を掃攘して年来の叡慮を安んじ奉り、天下泰平をもたらすことが可能となり、万一勅許が得られないならば、国内の人心がますます分裂する結果、数十年を経過するとも、到底攘夷の思召を達成すべき見込みは立ちえない」と説くものであった。すなわち和宮の降嫁は天皇の年来の御希望である鎖国攘夷達成の前提となるものであって、天皇がこの縁談をお断わりになれば、その御願望も到底達成の見込みはないというに帰著する。

攘夷と降嫁の関係

朝廷では鎖国攘夷の措置を講ずれば和宮の降嫁をあえて拒否しないという考えであり、幕府では鎖国攘夷のためにも和宮の降嫁は必須の要件であると主張するものであって、和宮の降嫁と鎖国攘夷をもって不可分のことと論ずる点においては朝廷も幕府も、その趣を一にしたのである。しかし幕府がこの奉答書の中で、今後七—八ヵ年乃至十ヵ年の間に外交を拒絶することを誓約し

攘夷誓約の内情

たことは、実は幕府の本意とするところではなかった。すなわちこれは先の奉答書が充分具体的措置を表明していないものとして却下されたため、止むをえず記載したものであった。その間の事情については、この奉答書に添えられた酒井忠義の書翰に、「年寄（老中）共にも尚又精々評議を尽くし候趣に候得共、急度箇様と申す儀外に是と心附き候廉もこれなく候間、此上は蛮夷御拒絶之儀年限を相立て、是非々々御拒絶相成るべしとの儀急度申し上げ候より外これなく」といい、さらにこの年限を言上することは、外国に対する影響もあり、極めて重大なことではあるが、「追々之御内沙汰もこれあり、且つ御縁組之第一条は天下之御政治にも拘り候御次第に付、偏に御許容成し下され度懇願仕り候儀に御座候間、止むをえず此度御返答書に右年限をも認め加え」（同上）たのであると、苦しい内情が説明されている。実に幕府はこの縁組の成立を欲するあまり、止むをえず外交拒絶期限を明記したものであって、事の成否、将来の見通しを考慮する暇もなかったのである。この期限の確約が後年幕府を自縄自縛の窮地に追い込む禍因となったことは、この後の幕末史の過程が実証するところである。思えば高価な代償であったが、幕府はたとえこのことを悟ったとしても、一旦請願した縁組を途中で撤回することは、これまた幕威の失墜を天下に表示することとなるので、いかようにしてでもこの縁談を成立させなければならなかったのである。他方幕府をここまで追いつめた朝廷は、具視の建言の意図したように、朝権回復の足掛かりを得ることにはなったが、この足場を組むためには、和宮の一身を犠牲にすることに眼をつぶらなければならなかったのである。

幕府の自縄自縛

朝権回復の足掛かり

三　降嫁の勅許

天皇降嫁を内決せらる

かくて朝幕間の交渉は、同床異夢ともいうべき関係ながら、ようやく意見の一致を見ることになり、天皇は遂に和宮の降嫁を決意された。そして八月六日尚忠に幕府の内請を允許する内旨を伝えられるとともに、実麗および観行院をして和宮の承諾を得させ、また有栖川宮に対する破談の手続を勘考することを尚忠に命ぜられた。実麗はもとより和宮の不同意を承知していたので、再三辞退したが、結局拒みきれず、やむなく翌七日勅旨を和宮に伝達することとなった。

これより先、和宮はこの縁談を聞かれると、たとえ尼になるとも不承知であると歎かれ、すでに天皇に対して固辞の意向を言上され、天皇の御諒承も得たものと考えておられたのであった。従って実麗より天皇のお勧めを聞かれると、いかにしてこの縁談を辞退すべきか、その処置に頗る苦慮された。実麗はその様子を「御迷惑御困りの御様子、誠に恐れ入り候事共、筆頭に尽くし難し」と日記に記載しているが、和宮の困惑の状もさこそと推しはかられるのである。そして翌八日天皇はさらに勾当掌侍高野房子を御使として、同じく勧説せしめられたが、和宮は即日直書を上って、そのお勧めを固く辞退せられた。このため天皇は観行院に対して和宮を説得するように命ぜられたが、観行院はこの仰せを辞退するのみか、かえって和宮の意向を尊重されるよう天皇の御再考を請うたのであった。

天皇苦境に立たる

ここに至って、さきに岩倉具視の献策をいれて、幕府に外交拒絶の誓約まで求められた天皇としては、幕府の懇請と和宮の固辞の間に挟まって頗(すこぶ)る苦慮されることとなった。国政を重しとして決意された天皇ではあったが、妹宮の固い決心の前にはその御決意も動揺せざるをえなかった。しかも和宮は異腹の妹宮であってみれば、好まれぬ縁談を無理強(じ)いされることもできかねたのである。このように苦境に立たれた天皇に進言して降嫁のことを推進したのは久我(こが)建通であった。

久我建通の代案進言

建通は議奏の筆頭として当初よりこの問題に関与してきたが、幕府がすでに外交拒絶期限をも奉答した現在、いまさら和宮の不同意を理由として幕府の請願を斥(しりぞ)けることは信義にかかわることであるとし、もし和宮があくまでも辞退された場合には寿万(すま)宮（一八五九―一八六一）をもって和宮に代えられるようにお勧めし、かつこの代案を和宮に伝えていま一応説得を試みられるようにと進言したのであった。寿万宮はこの前年誕生された天皇の第三皇女で、掌侍堀河紀子のお生みするところであった。

寿万宮を以て和宮に代えんとせらる

かくて天皇は建通の進言をいれて寿万宮の降嫁を決意し、翌十三日尚忠に宸翰を与えてこのことを告げられ、忠義と折衝（せっしょう）することを命ぜられた。またこれとともに和宮の説得に最後の努力を試みられるため、同日新大典侍勧修寺徳子・勾当掌侍高野房子を和宮のもとに遣わし、尚忠に賜わった宸翰の写を覧（み）せしめて、さらに熟考するようお諭しになったのである。この宸翰にはこれまでの幕府との交渉の経過と和宮に対する義理合いを述べられた後、和宮辞退の場合には代案として寿万宮の降嫁を提案せられ、「関東へは信義を失い候間、一向（いっこう）急ぎ申し候儀なれば寿万宮にては如何哉（や）、幼年にて好まざる哉、一人之女子故少々は哀憐も加り候得共、公武一和之儀夫（それ）には替え難く、天下之為に候得ば尤も熟談に及ぶべく早々内定と存じ候。夫も整わず、且和宮も堅く理わると相成り候はゞ実々致し方なく、関東に対して信義を失い候訳柄故、一決（譲位の御決心をさす）候儀もこれあり候」（『尚忠公記』）と天皇の御苦衷が述べられてあった。

大典侍等の説得

この日の両女官の参邸については、実麗の日記に「今日新大典侍局・勾当掌侍等御使として和宮に参上す、御縁組の事強て御沙汰と云々。歎息之至也」とその説得の様子が伝えられている。この日また天皇は和宮辞退の場合の処遇について考慮せられ、林丘寺門跡に入室せしめようとの思召を内々尚忠に示されたが、かくて宮中と和宮の話合いもいよいよ最終段階に立ち至ったことを思わせるものがあった。

九条家家臣の暗躍

他方尚忠は、十四日寿万宮降嫁の思召を忠義に伝えたが、幕府がこの代案に応ずる見込みはほとんどなかった。この間種々の策動も行なわれたが、その中でも尚忠の家臣宇郷重国・島田左近は、桂宮家に勤仕する侍で和宮の乳人藤の縁者に当る塚田季慶という者をして、朝議は実麗・観行院両名を処罰するに決したとの造言を藤に伝えさせ、和宮側近を動揺させようと謀った。この情報を得た実麗は、実麗・観行院処罰の結果、和宮が全く孤立無援となり、ひいては日常の生活も不自由勝ちとなられてはと懼れ、止むなく朝廷内の形勢の不利なことを和宮に言上して再考を願ったのであった。時に和宮は前日新大典侍らの持参した宸翰の写によって、縁組不成立の場合には譲位の御決心であることを知り、降嫁も止むをえないと観念されていたが、ここに至って遂に承諾の決心を固められることとなったのである。時に八月十四日のことで、実麗は同日の日記に、「関東御縁一件予丹誠を尽くすと雖も、終に御請思召治定也。寔に心外無念之儀筆頭に尽くし難し、是非なき次第也」と慨歎の思いを記載しているが、これはまた和宮自身の悲歎をあらわすものにほかならなかった。

和宮受諾を内決

かくて和宮は翌十五日観行院を使として承諾の旨を言上されたが、その口上には「御両人（新大典侍・勾当掌侍の両名）より御覧に御入れの御書取の通りにては誠に恐れ入り思召候まゝ、前文申し入れ候通りにも相成り候はゞ、御いやさまの御事ながら、御上（おかみ）の御為と思召、関東え成らせられ候まゝ、能々（よくよく）申し入れ候やう」（『忠能卿手録』）とあり、好まぬ縁談ながら、天皇の御為を考えて承諾された心境を率直に表明せられると

内諾の条件

ともに、このように承諾されるについては、次の五カ条の希望を叶（かな）えしめられるよう条件を附された。その条項は、

一、明後年先帝十七回忌の御陵参拝を終えてから江戸に下向（げこう）すること。また先帝御年回の度毎に天皇の御機嫌伺を兼ね御陵参拝のため上洛すること。

一、入輿後も和宮の身辺は万事御所の風儀を遵守（じゅんしゅ）すること。

一、江戸城内の生活になじむまで、御所の女官一名を御側附（おそばづき）として拝借すること。また三仲間（みなかま）（下級の女官）三名を随従させること。

一、御用の際には橋本実麗を江戸に下向させること。

一、御用の際には上臈あるいは年寄（侍女の職名）を使者として上洛させること。

の五ヵ条であった。

以上のように和宮の翻意によって事態はようやく解決の曙光を見ることになった。越えて十八日天皇は尚忠をして降嫁勅許内定のことを幕府に内達させられ、これとともに、㈠和宮提出の五ヵ条の条件を遵守すること、㈡外交拒絶の誓約は今後老中が更迭しても、決して違背しないこと、㈢この縁組は幕府が徳川家保全のために強要したものではなく、国家のため公武熟談の上で決定したものであることを天下に周知させること、㈣外国貿易開始の影響により国民生活の窮乏がはなはだしいので、撫育の方策をたてること、㈤降嫁治定後における和宮の待遇は、その決定以前に内奏すること、㈥有栖川宮に対する善後措置を勘考すること、の六ヵ条について老中より確約を求めることを命ぜられたのであった。この日天皇はまた有栖川宮との婚約解除の手続を取ることを尚忠に命ぜられた。時に酒井忠義は島田左近に命じ、同宮の諸大夫藤木成基に対して、宮家が婚約の解消を諒承

勅許内定と条件の提示

有栖川宮との婚約取消

すれば、幕府は摂家または三家(尾張・紀伊・水戸の徳川家)の女を将軍の養女として宮家と縁組させ、また宮家の経済を潤沢にするように配慮すると説かせていた。尚忠はこの事前工作の後、二十二日有栖川宮に参邸して婚約解消について諒解を求めた結果、同宮では宮邸の狭隘などを名目として和宮の入輿延期を請い、二十六日これを勅許せられた。この手続はもとより形式を整えるためのことであって、ここに和宮と有栖川宮との婚約は全く解消されたのであった。和宮と有栖川宮との縁談は、この降嫁問題の起きた当初より障害となっていたもので、幕府は本年初めより有栖川宮の自発的辞退を欲して策謀し、有栖川宮においては家計不如意で、皇女を迎える余裕がなく、内心この縁組を迷惑がっているとか、あるいは和宮が丙午の生れなので、有栖川宮では恐怖しているとかという風説を捏造して、婚約の解消を策してきたのであった。有栖川宮において、この縁談の解消を真実希望したか否かは察知すべくもないが、皇女降嫁―公武一和―鎖国攘夷という政治目的を前

幕府有栖川宮の縁組辞退を策す

にしては、仮に有栖川宮がこの縁組を熱望し、破約に反対したとしても、それは最早問題とはなりえなかったことと思われる。

江戸下向時期の調整

かくて朝廷ではようやく和宮の内諾を得、結婚勅許の内定を幕府に伝えたのであるが、幕府の正式奏請を前にして、再び暗礁に乗り上げることになった。それは江戸下向の時期について和宮の希望と幕府の主張が一致しなかったためであった。すなわち幕府はこの縁談を内議した初めより早期の結婚を強く希望しており、内諾の報を受けると、年内十一月までの下向を内々要請したのであった。しかるに一方、和宮は内諾の際提示せられた条件にもあるように、明後年先帝の十七回忌法会をすませて後の下向を強く希望されており、天皇に対して、五カ条の条項の中、一カ条でもいれられなければ、内諾を取消すつもりであるとの強硬な態度を表明されていた。

和宮の強硬態度

このため天皇も和宮の要望をいれられ、尚忠をして幕府に対し、和宮要望の全箇条が承諾されない場合には、この縁組の成立は困難であることを警告させられたのであった。しかるに幕府は九月五日奉答を上り、他の諸条項については奉承したが、東下の時期については承諾せず、明後年の御年回の際には上洛の取計らいをするから、本年十一月には是非下向願いたいと懇請したのである。その理由とするところは、明後年まで下向を待ってはその間江戸城大奥は主人がいないも同然の姿となり、ひいては内外の政治にも悪影響を与えるということであり、またこれを明年に繰り上げても、明年は将軍の年廻りが悪く、不吉であるというにあった。しかしその真の理由は、すみやかに婚儀をすませて公武一和の体制を作り、反幕府勢力に備える必要があったためであり、また遷延している間に尊攘志士などの反対運動によって不測の障害が起こり、婚儀が妨げられることを恐れたためであった。

幕府年内下向を固執

天皇の御調停奏功せず

ここにおいて天皇は、事態の円満解決を図られるため、双方の主張を折衷して明年四-五月の交をもって下向の期と定めようとせられ、九月十四日まずこのことを和宮に告げて、意向を徴せられた。しかし和宮の決意は固く、この天皇の御提案に対して同意されなかったのである。このため天皇は再び代案をもって事態を収拾されようとし、寿万宮を和宮の代りとして下向させることを尚忠に諮られ、所司代酒井忠義と折衝せしめられた。これに対して忠義は、下向時期に関する問題は再考の余地はないとして、この代案を老中に伝えることを拒絶するとともに、和宮が明後年の下向を固執されるのは、御陵参拝とは別の理由によるのではないかと詰問的な返答を尚忠に呈したのであった。蓋し幕府としては、明後年御年忌のための上洛を諒承しているので、特に明後年まで下向を延期される理由を認めえなかったのである。ここに至って天皇の御調停も全く効がなく、この紛糾解決のためには、和宮の譲歩を求める以外に道はなかったが、天皇はお立場上これ以上和宮を説得する方法もないとして、二十六日この解決を尚忠に一任されることとなった。

天皇代案を提示さる

幕府、代案を拒絶

明春の東下を承諾

その後尚忠は忠義と協議し、上洛中の実麗の叔母勝光院や島田左近などをして、明春下向の案をもって実麗などを説得させた結果、和宮の心もようやく動き、明春の下向を内諾する意向を示されることになった。この結果、天皇はあらためて明春の東下をお勧めになることとなり、十月四日新大典侍・勾当掌侍の両女官を和宮のもとに遣わされ、准后夙子（あさ）が偶数の年齢（十四歳）で入内した嘉例にならい、明年四－五月の交をもって江戸下向の期と定めるように勧められた。准后入内の例を吉例としてことさら示されたのは、上述のように明年は将軍の年廻りが不吉であるという説があり、和宮もこれを心配されていたので、その心配を除くため、偶数年齢（和宮は明年十六歳を迎える）の結婚を嘉例としてあげられたのであった。このお勧めに対して和宮は翌五日承諾の旨を奉答され、かつ明後年の上洛について確認を求めていただくように願われたのである。仍（よ）って天皇は即日関東下向の期を明春と定めたことを尚忠に伝えられ、これとともに和宮要望の条項のほか十二ヵ条の要望事

天皇の御慰諭と和宮の奉答

項を示して幕府の確答を求めるように指示された。

このようにして、江戸下向の時期も辛うじて調整がついたが、天皇は和宮が心ならずも明年の東下を決心された心情をあわれまれ、七日宸翰を賜わって慰諭された。その宸翰に対して和宮の上られた返書は、この縁組に対する和宮の心境を最もよくうかがい知ることができるものなので、長文ながら左に掲げる。

天下泰平のため余儀なく承諾

御書かしこまり拝見申し上げまいらせ候。弥御機嫌よく成らせられ、めで度ありがたくまいらせ候。左様候得ば此間は大すけ・長橋御使にて関東へ下向の事段々御断申し上げ候得共度々申し参り候に付、御上にもかれこれ御心配遊ばし戴き、御あつき思召さまの程段々伺ひ、誠に恐れ入りまいらせ候まゝ、天下泰平の為め、誠にいや／＼の事、余義なく御うけ申し上げ候事におわしまし候。来年は関東にて年割悪きよし申し参り候まゝ私も同様気掛りの事ながら、准后さま御入内長（偶数）の御年にてあらせられ候御吉例をもつて、此度仰せ立られきりの思召のよし、何も承り辱り存じ候。段々御あつき御挨拶ども伺ひ入り辱りまいらせ候。弥治定の上は願ひ度事ども御座候御事相成り候御事は御承知も遊ばし候よし、なを申し上げ候へばよろしく願ひまいらせ候。また下向いたし遠方とて御兄だいの御中御きりあそばされ候御事はあらせられず、御杖になり戴き参らせ候よし、御厚き思召さま深く辱りまいらせ候。猶よろしく願ひ置きまいらせ候。又御上より思召よりの御事仰せられ、且仰せ立てられ候御事在らせられ候せつは、私より取計ひの事何も伺ひ置き候得共、これは御わけ柄により心得居り候事と存じまいらせ候。かしく。

猶時候御用心様あらせられ候様ぞんじ上げまいらせ候。めで度かしく。

かず上

御請口上

誰ぞ申し給へ

（『岩倉公実記』）

縁組承諾の心境

この書中、「天下泰平の為め、誠にいやいやの事、余義なく御うけ申し上げ候事におわしまし候」との一句は、これより先八月、初めて縁組を内諾された際の返答に「御いやさまの御事ながら、御上の御為と思召、関東へ成らせられ候まま」と述べられていることとともに、和宮の偽らぬ心境を率直に表明されたものである。そしてこのように心にそまぬ結婚ながら、天下泰平のためという使命を負わされたことを覚悟され、ただ兄天皇の御情愛を頼みとして、これより先を生きて行かれようとする決意をここに最も明らかに知ることができるのである。

かくて幕府側も明年の下向を承諾し、十月九日所司代酒井忠義は将軍家茂の使者となり、高家（こうけ）（幕府の典礼を掌った家柄）横瀬貞固は家茂の養母天璋院（てんしょう）（前将軍家定の妻）の使者として参内し、公然降嫁を奏請することとなった。仍（よ）って天皇は和宮に対して明年の東下について再び確認を求められ、また左大臣一条忠香（ただか）以下摂家一同に諮詢（しじゅん）の上、十八日忠義・貞固両名を召見して勅許の旨を仰せ出された。その勅答書に「公武御合体之儀御機嫌に思召され候間、御契約あらせらるべきの旨仰せ出され候」（『二条往来』）

と述べられていることは、この縁組の意義を確認されたものであった。この日天皇はまた議奏久我建通をして、今回の縁組は霊元天皇の皇女八十宮(やそ)の婚約および東福門院(とうふくもんいん)(後水尾天皇皇后、徳川秀忠の女)入内の先例があり、また深い思召があるので勅許したことを朝臣一般に通達せしめられた。越えて十二月二十一日忠義・貞固の両使は勅許の恩を謝するため参内して金品を進献し、ついで二十五日桂宮邸に参殿して和宮に納采(のうさい)の礼を行なった。ここに皇女降嫁の問題は交渉開始以来半カ年以上に及ぶ紆余(うよ)曲折を経てようやく解決し、和宮は翌年三月をもって江戸に下向されることに内定したのである。なおこれより先、降嫁のことが勅許されると、朝廷では十月十九日中山忠能・橋本実麗(さねあきら)・野宮定功(ののみやさだいさ)などを御縁組御用掛とし、ついで典侍庭田嗣子(つぐ)(宰相典侍と称す)・命婦(みょうぶ)(掌侍より一段下級の女官)鴨脚克子(いちょうかつ)(能登と称す)を和宮御附の女官として任命し、また忠能・実麗および広橋光成(みつしげ)・坊城俊克(ぼうじょうとしかつ)・岩倉具視・千種(ちぐさ)有文などの廷臣に関東入輿扈従(こしょう)を命じた。幕府もまた十一月一日諸大名に総登城を命じて降嫁勅

納采の礼

縁組の準備

許のことを布告し、また老中久世広周・若年寄諏訪忠誠（ただまさ）・同遠藤胤統（つねのり）および酒井忠義などに御縁組御用掛並に御下向扈従を命じ、婚儀の準備を進めることとなったのである。

四　破談の危機

紆余（うよ）曲折を経た降嫁一件も上に述べてきたように万延元年（一八六〇）十月十八日勅許を得、十二月二十五日納采（のうさい）の礼を終えたが、勅許より納采に至る間に、幕府がプロシア・スイス・ベルギーとの通商条約締結のことを奏上するに及んで、はからずも一波瀾（はらん）を惹起（じゃっき）することになった。幕府はこの年七月以来これら三国より通商を要求されていたが、すでに米・英・露・仏・蘭五カ国に通商を許した以上、三国の要求を拒絶する口実もないため、遂にこれら三国との条約の締結を決意し、十一月十日老中より所司代酒井忠義に書翰を送ってその実状を内報し、忠義は二

プロシア等三国条約締結の奏上

十八日この書を関白九条尚忠に提出したのである。しかし今後七－八ヵ年乃至十ヵ年を期して攘夷を断行し、あるいはこれまで締結した条約もやがて破棄することを条件として、皇女の降嫁を奏請した幕府が、その勅許後忽ち新条約を締結しようとすることは、いかにも道理に合わぬことであった。このため忠義は老中の書に副翰を添え、「いまや和宮の降嫁勅許により公武一和の基が定まり、上下心を安んずるに至った際、三国の通商要求を斥けたため開戦を余儀なくされ、他の諸国もまた三国に荷担することになれば、当初の廟算は忽ちに齟齬して全国悉く戦場となり、遂には清国の覆轍をふむことは明らかである。仍って暫く緩兵与奪の術をもって三国の要求を許し、後日武備の充実を待って一挙に通商を拒絶することに致したい」と、新条約締結の止むをえない理由を強弁し、さらに万一即時拒絶の勅命があるならば、全国忽ち戦乱の巷となることを覚悟されたいと述べたのであった。

天皇の御憤慨

このように幕府は開戦の危機をほのめかして三国条約の勅許を得ようとしたが、十二月朔日天皇はこの上奏を聞かれて、幕府の欺瞞的態度を頗る憤慨せられ、この上は和宮の降嫁を破談にすべしとの意見を表明された。天皇としては、条約破棄の誓約を信用して和宮の降嫁を勅許されたのであるから、今回の幕府の奏上ははなはだ意外なことであり、憤激されるのも当然のことであった。関白以下議奏などは天皇の激怒を見て、いずれも恐惶色を失ったが、いま直ちに破談を通達することは穏やかでないとして天皇をお宥めした結果、和宮の関東下向を両三年延期することに内決し、まず和宮の意向を徴することとなった。和宮は委細を聞かれると、もとより望まれぬ縁談であったので、翌二日答書を上り、外人が退散し、関東の地が平穏となればともかく、さもなければ延期はおろか破談を希望するとの意向を示されたのである。

東下延期の朝議

和宮の答書を得て、朝議は関東下向を延期することに決したので、武家伝奏は

忠義の対策

忠義と会談してこれを通知しようとしたが、忠義は早くもこの形勢を察し、病と称して武家伝奏との面談を拒絶したのである。そして数日籠居の態を装っている間に、密かに尚忠に収拾を依頼する一方、武家伝奏に対して、「三国条約締結のことは、元来所司代の心得として通達を受けたものを内々関白に知らせたまでのことである。いまこれを公然と武家伝奏より幕府に交渉されては内聞を表沙汰にするおそれがあり、かくては今後朝幕間の交渉が紛乱する因となるであろう」と説き、このことは関白と所司代との内交渉に願いたいと懇請したのである。この結果、尚忠らがどのように天皇をお宥めしたかわからないが、十二月九日天皇は譲歩して、一切を関白に委ねられることとなり、新条約締結に関して生じた紛議は辛うじて収まったのである。

幕府の弥縫

なお翌文久元年正月、幕府はあらためて三国条約締結の顚末を奏上し、「今後七－八カ年乃至十カ年を期して外交の拒絶を断行するとの根本策には少しも変更はないが、時節の到来するまでは、その間時勢に応じて多少の弛緩があるのは免れないところである。今回の条約締結の如きも実は一時便宜の処置に過ぎないので、しばらく幕府にその措置を一任していただきたい。但し七―八カ年乃至十カ年の後に至ってもなお拒絶することができない場合には、幕府は甘んじて厳責を受ける覚悟である」と弁明し、一時を糊塗したのであった。

降嫁反対の運動

このようにして幕府は、三国条約に関する紛議をようやく収拾し、破談の御沙汰を未然に防ぐことができたが、この縁組に反対する尊攘派激徒などの反対運動その他によって、結婚までさらに若干の曲折を経なければならなかった。初め和宮降嫁の問題は極秘裡に評議交渉されていたが、朝幕間の折衝が難航すると、その間におのずから策士の暗躍周旋も演ぜられることになり、いつしか局外に漏洩して朝野有志の論議の種となるに至った。

朝臣の反対

すなわち朝臣の間では、久我建通・岩倉具視・千種有文らの行動が特に取沙汰され、建通らは幕府の賄賂を受けて所司代に荷担し、宮中の女官におもねって天皇を欺き、和宮を人質とする幕府の策謀を手伝うものであるとの謗言（ぼうげん）が行なわれた。そしてその謗言を妄信（もうしん）した朝臣は所々に会合して、和宮降嫁の中止を諫奏しようと企てるに至った。このため天皇は、前年日米条約の勅許奏請の際に、八十八人の廷臣が関白邸に列参して反対運動をしたような非常事態の起こることを懸念せられ、八月二十四日尚忠に勅して、廷臣の鎮撫を図るように命ぜられたのであった。

世上の風評

一方世上でも、天皇は元来この縁談を好まれなかったが、関白以下要路の朝臣が幕府の賄賂を受けて、天皇に降嫁のことを強請したのであるという風評があり、殊に尊攘派志士の間では、幕府がこの縁組を企てるのは将来有事（ゆうじ）の際に備えて、皇妹を奪って人質とするものであるとの説が流布（るふ）され、人心の不安を煽（あお）っていた。このような反対気運は、降嫁勅許のことが公表されるといよいよ高まり、東下の行列を途中に要撃して和宮を奪取する計画も風説として頻（しき）りに行なわれた。

和宮奪取の計画

この風説に加えて、万延元年の年末には米国公使館の通弁官ヒュースケンの暗殺事件が起こり、翌文久元年一－二月には水戸藩内に浪士が集合して騒動し、また江戸近辺を中心として常・野・総の各地（茨城・群馬・栃木・千葉の諸県）に暴徒が出没して騒擾を起こすなど、不穏な事件が頻発したのである。このような不穏な形勢にあったため、幕府は和宮東下の道中で万一異変でも生じてはと恐れ、文久元年三月東海道筋諸川の増水と水戸浪士らの横行を理由として下向期限の延期を願い出、あわせて下向の道中を中山道に変更することを奏請して、勅許を得たのであった。これまで早期の江戸下向を強く希望し、そのため種々運動をしてきた幕府としては、この延期ははなはだ不本意なことであった。従って幕府はこの延期奏請に際して、情勢が好転すれば、幕府の都合次第すみやかに出発されたいと附言したのであったが、この延期が原因となって、降嫁問題はまたまた一波瀾を生ずることとなったのである。

幕府東下延期を奏請

すなわち幕府はその後浪士の取締りも一段落したので、七月二日、関東下向の期を本年九－十月の交に定めたいと申し出た。ところが和宮は、今秋の下向では

和宮明春の下向を切望

天皇下向延期を交渉せしめらる

明年二月の先帝十七回忌まで余日も少なく、これに間に合うように上洛することが困難ではないかとの懸念より明春の御年回を終えた後に下向したいと切願されたのである。このため天皇は一旦今年と約束した下向時期を変更することを心苦しく思われたが、他面和宮に同情せられ、尚忠に勅して、寒中の旅行の困難その他の理由をあげ、来春三月まで下向を延期するよう、幕府の諒解をとることを命ぜられた。この時尚忠に賜わった宸翰には、「和宮之様子考へ候に、実に悲歎見るに忍びざる姿これあり、予に於ても心中相察し、落涙之仕合（しあわせ）、何卒来春三月頃に成り候得ば、本人は申すに及ばず、予に於ても誠に悦（よろこ）び入り候事に候」（『忠能卿手録』）とあり、延期の思召は全く妹宮に同情されたためであった。しかるにこの仰せを承った尚忠は全く幕府を説得する熱意に欠け、単に天皇の思召を忠義に取次ぐに過ぎなかったが、さらにいかなる理由からか、和宮が今回東下延期を求めておられるのは単なる期日の延期ではなく、その実は破談を望んでおられるためであると忠義に説明したのであった。

忠義の反駁

尚忠より和宮下向延期の内議を受けた忠義は大いに驚き、これに対する抗議を内容とした奉答書を提出した。この答書で忠義は天皇のあげられた延期の理由を弁駁（べんばく）するとともに、この延期をもって天皇の御食言（しょくげん）ともいうべき不信行為であり、かかることでは将軍に対して信義を失われるのみでなく、今後違勅の者が生じてもこれを制止する方途もなくなるであろうといい、また今回の縁組が天下の治乱に関することを充分御承知でありながら、なおかつ延期を求められることは、天下の治乱を御一人の愛情にお替えになるものであって、道理のあることではないと極言し、前約の履行を強請したのであった。

天下の治乱を一人の愛情に替う

忠義破談の影響を警告

忠義はまた尚忠に対しては一層露骨な抗議を提出し、朝廷がこの婚約を解消するというのであれば、幕府としても外交措置に関する朝廷との取極めも一切取消すかも知れないといい、また婚約解消の結果、公武の間が疎隔して天下の大乱を生ずることは明白であるが、和宮自

勅諚は風雲変態の如し

身も、幕府に対する義理合い上、生涯他家と縁組することは不可能であり、その上落飾（らくしょく）ということにでもなれば、天皇におかれても御兄妹の情愛上かえって歎かわしく思召されることであろうと、外交関係および和宮一身に及ぼす影響を警告し、さらに朝廷の信義の問題に及び、この延期によって、天皇の和宮に対せられる御愛情と御義理合いは満足されるであろうが、朝廷みずから信義を破っては、天下へお示しの勅諚はすべて風雲変態（ふううんへんたい）の如くなり、違勅の者を制止する道もなくなるであろうと論じ、また縁組破談の節は関白以下このことに関与した諸役は悉く引責の覚悟をされたいと述べて、延期の内議を一蹴したのであった。忠義としては、今春の下向が延期された上、さらに明春まで延期することは、時局対策上絶対許されぬことであったし、また下向の期を年内に控えたこの時期に、いまさら破約云々（うんぬん）のことを聞くとあっては心外に堪えなかったので、このような激しい抗議を提出することとなったものであろう。

このような忠義の反駁に接した尚忠は、同月二十四日この奉答書を天皇の御覧に供するとともに、この上は幕府の要請をいれて九月中-下旬に期日を決定することも止むをえないと奏した。

破談の思召

しかし天皇は忠義の返答をもってはなはだ不遜であると激怒せられ、このような軽蔑を受けるのも畢竟は縁組が原因であるから、この上は縁組を破談にした方がかえって意を安んずることができるとされ、その思召を尚忠および上席の議奏である久我建通・中山忠能・正親町三条実愛に内議された。

忠能らの諫止

この思召に対して、忠能は破談をもって公武間の離反を招くものであると諫止し、尚忠もまた病と称して辞職を請い、これによって思召を翻えそうとしたのであった。建通・実愛の意見は明らかではないが、破談を不可とする点では忠能と同一意見であったと思われる。天皇はこれら重臣の意見をもって「尊卑名分相立ち候議論にもこれなく（中略）甚だ奇怪之至」（『忠能卿手録』）であるとし、その軟弱な態度を頗る遺憾とされたのであった。しかし尚忠はすでに辞意を表明し、忠能ら議奏もまた思召に賛成しないため、天皇も遂に翻意せられざるをえなかった。そしてこの間建通を初め岩倉具視・千種有文・久世通熙（みちさと）などが奔走して周旋に努めた結果、忠義も先の失言を釈明したため、天皇のお怒りもようやく融（と）け、幕府の請いを許されることとなった。かくて八月五日天皇は江戸下向の時期を十月中下旬と定められ、ついで九月八日に至り、十月二日（後に三日に改む）に首途（かどで）の儀を行ない、同月二十日を以て京都を出発されることに定められた。

発輿期日の決定

五　御入輿

難航を極めた朝幕間の交渉も江戸下向期日の決定をもって一応落着したが、この前後和宮の身辺には東下の諸準備が次第に進められ、まず文久元年（一八六一）四月十九日に内親王宣下（せんげ）が行なわれた。令（りょう）の制度によっても、現在の皇室制度においても、皇子・皇女は生れながらにして親王・内親王たる制規であるが、平安時代

内親王宣下

の中頃より明治初年に至る間では、皇子・皇女であっても宣下を得なければ親王・内親王となることができない慣例であり、従ってこの宣下のあることは、一つにはその皇子女に対する優遇を示す意味合いがあったのである。和宮の場合も政治使命を帯びて不本意な結婚をされることに対して、これを優遇し、皇女たる本来の格式を正しして嫁せしめられようとの思召であったことと想像される。

名を親子と賜う

親王宣下に当っては、従来用いられてきた幼称のほかに、諱を賜わるのが例であって、和宮も宣下に際して、天皇より「親子」の名を賜わったのである。この名前は文章博士桑原為政の勘進した数個の候補名の中から天皇が選定されたもので、『礼記』に「君臣正しく、父子親しみ、長幼和ぎて后に礼義立つ」(冠義章)とあるのを典拠としたものである。

親和の願い

天皇はこの後五月、神宮に公卿勅使を発遣された際、特に和宮の縁組のことを奉告して、皇祖の加護を祈られたが、その祝詞の文中に「兄妹親和」(『孝明天皇宸記』)の語があり、この降嫁一件によって妹宮との情誼がそこなわれることのないようにと祈念されたことが知られる。これによって考えると、この名の御選定には、典拠の意味は別として、幼称の「和宮」と並んで、御兄妹の間の親和をこいねごう御願望がこめられてあったと見ることもできよう。

橋本邸訪問

和宮はこの後四月二十一日橋本邸に臨まれたのを初めとして諸所を訪れ、都の名残りを惜しまれた。橋本邸の訪問は初め所司代酒井忠義の反対するところであったが、和宮のたっての希望によって実現したもので、邸内の鎮守社に参詣の後、実麗(さねあきら)以下とともに宴を催し、仕舞・狂言などの余興を楽しまれた。ついで同月二

石清水社等参詣

十四日には旅行の試(ため)しを兼ね、かねて念願の石清水八幡宮に参詣せられた。この参詣は和宮にとって初めての長途の外出であり、京外の風光に接せられたのもこれが最初ではなかったかと思われる。この後上述のように東下期日について一波瀾があったが、やがてこれも落着し、九月八日京都出発の期日が定められると、和宮は同月十四日修学院(しゅがくいん)の離宮に出遊して実麗およびその家族らとともに洛北の

秋色を探られ、また二十三日には賀茂両社・北野神社に参詣された。

敏宮御殿の造営

このように和宮は名残りもつきぬ日々を過ごされたが、このころ姉宮である敏(とき)宮(淑子(すみこ)内親王)に対する心遣いを示す一挿話が伝えられている。上述のように敏宮は婚約の相手愛仁(なるひと)親王(閑院宮)の薨去後閑静な生活を送っておられたが、当時朝廷では敏宮のため邸宅を造営する余裕もなかったため、その住居は一定せず、当時は輪王寺門跡の京都の里坊(さとぼう)河原屋敷を借用して仮の邸宅とされていた。和宮はこのような姉宮の境遇に同情せられ、八月二十日天皇に一書を進めて、敏宮御殿の造営を幕府に命ぜられるように懇願されたのであった。その書中には、

> たゞ今の御やうす、御かり殿のまゝにて御一生御苦労あそばし候御事、実に御気毒さま、私事はよぎなきわけがらながらも下向致し候へば、不自由もなくと存じまいらせ候に付、御あねさま御一生御安心あらせられ候やう致し上げ度、関東(幕府)え仰せ立られ、私下向迄に出来(しゅったい)と申す事承り候へば、安心に

て下向致し候事と誠に忝りまいらせ候。左やうになり候へば、先帝様にもさぞ〳〵御満足さまの御事とふかく忝りまいらせ候まゝ、たつて私より願ひ度、何とぞ〳〵よろしく願ひ上げまいらせ候。（『尚忠公記』）

とあり、新たに結ばれた幕府との縁故を頼って、姉宮のために邸宅の新造を願われたのであった。幕府も出費多端な際ではあったが、ほかならぬ和宮の懇望とあっては拒絶することもできず、今後先例としないことを条件としてこれを承諾したのであった。

首途の儀

越えて十月三日、和宮は祇園社に詣で、首途の儀を行なわれた。この儀は長途の旅行に当って、出発前に行粧を整えて神社に参拝し、旅中の平安を祈念するものであった。和宮は御所の参内殿より唐庇青糸毛の車に乗り、卯刻（午前六時前後）宜秋門を出発されたが、行列には江戸下向に扈従する女官を初め公卿・殿上人が乗車あるいは馬上で列なり、その他多数の地下の官人や警固の武士が従い、さらに歌書櫃・和琴櫃を初め数々の調度品もこれに続き、華麗目を驚かすばかりであったという。その行列は宣秋門から祇園社の社前まで引きも切らず、沿道には多数の士民が堵列してこの盛儀を見物し、天皇も密かに南門に出御してその行列を御覧になった。

御暇乞参内

ついで十四日には姉宮である敏宮を訪ねて暇乞をされ、翌十五日には天皇・准后に御暇乞のため参内された。和宮御附の典侍庭田嗣子はこの日の日記に、「御たがひさまに扨々御残り多く思しめされ候御事なり」と、簡単ながら離愁の光景を記録している。

出発の延期を望まる

なおこれより先十月九日、扈従予定の中山忠能・橋本実麗が病気にかかったので、その回復まで出発の延期を求められるという事件が起きた。しかし間もなく忠能が回復して扈従可能となり、また幕府側の反対もあったので、実麗の江戸到着まで入城しないことを条件

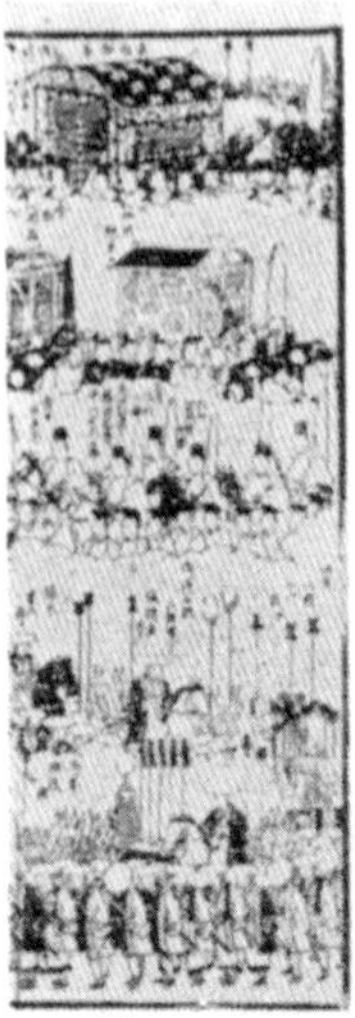

の図

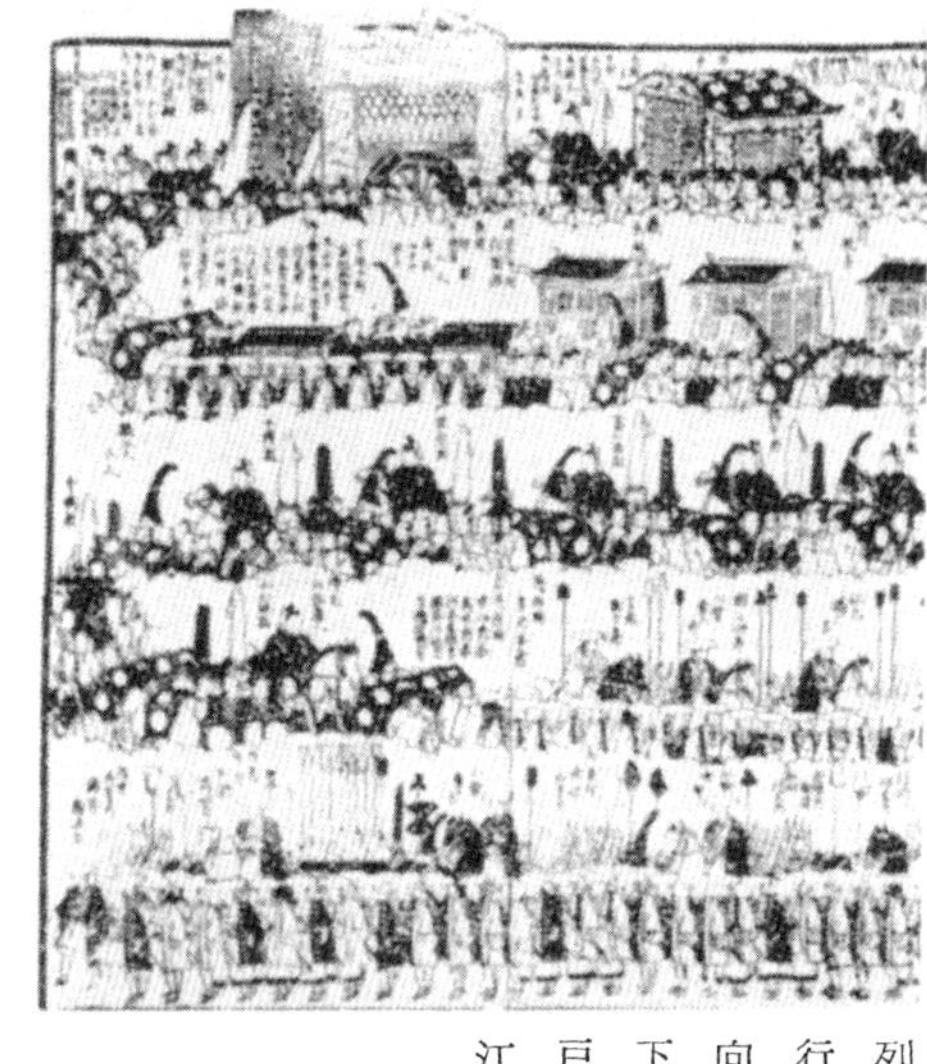
江戸下向行列

として、期日通りの出発を諒承されたのであった。この延期の希望は忠能・実麗両名の扈従しないことを心細く思われたためであったが、江戸下向についての不安は、これまで数々の保証を重ねられても全く消滅することはなく、出発期日の切迫につれてかえって増大するものがあったのである。しかもこの不安が決して杞憂ではなかったことは、後にしるす通りであった。

このようにして江戸下向の日も近づいたが、この間天皇は和宮に宸翰を賜い、入輿の後は攘夷の実行を家茂に勧めるように特に依頼せられ、また幕府の希望通り降嫁を見た以上は、攘夷を実行し、幕政を改革して公武一体の施政を行なうようにとの思召を家茂に伝達することを内命された。思うに天皇は家茂夫人となった和宮の尽力によって、家茂および幕府当局が天皇の外交に関する思召に応え、攘夷の実効をあげるに至ることを期待されたのであり、ここに至って和宮は家茂をして攘夷の叡慮を遵奉させるという具体的な政治使命を内々帯びられることとなったのである。

かくて東下の諸準備も滞りなく整えられ、和宮は文久元年十月二十日辰刻（午前八時ごろ）桂宮邸を出発、いよいよ関東下向の途に上られた。その行列には権大納言中山忠能・権中納言今出川実順・左近衛権中将八条隆声・同今城定国・左近衛権少将千種有文・右近衛権少将岩倉具視・中務権大輔富小路敬直らの公卿殿上人以下地下の官人、典侍庭田嗣子以下御附の女官が扈従し、京都町奉行関行篤は手兵を率

道中の警衛と施設

いて先駆を勤め、お迎えとして上京した若年寄加納久徴も列後に加わり、生母観行院を初め武家伝奏広橋光成・同坊城俊克・参議野宮定功らも列外に従ってお供した。天皇は勾当掌侍を御使として桂宮邸に遣わされ、また猿カ辻築地の穴門に出御して内々ながら親しくお見送りになった。和宮はこの日大津駅に宿泊、翌二十一日は扈従の行列を整えるために同駅に逗留され、二十二日同地を出発あり、近江(滋賀県)・美濃(岐阜県)・尾張(愛知県)・信濃(長野県)などの駅々を過ぎ、中山道を江戸へ向われたのであった。その間道中で御輿を護衛するもの十二藩、沿道の警固に当るもの二十九藩の多数に達した。いま中山道太田宿(岐阜県美濃加茂市)の旧記(樹下快淳氏著書による)によって、同宿で使役した人馬と宿泊用諸道具類の数量の一斑をしるすと、人馬―七千八百五十六人・二百八十疋、寝具―ふとん七千四百四十枚・枕千三百八十個、食器―飯椀八千六十人前・汁椀五千二百十人前・膳千四十人前・皿二千百十人前・通い盆五百三十五枚の多量に及んでいる。また名古屋藩より差出した御輿の警固人数は千三十人、枝道・間道の警衛に当るもの四百二十六人、御旅館の警固人数は六十四人であったといわれるが、ほとんど万をもって数える人馬調度の大行列が二十五日の日数をついやして通行したことは、この街道始まって以来の盛観であった。

和宮は初めて見る旅路の風景に、時には興を覚えられることもあったであろうが、道中の泊りを重ねられるままに、前途の不安はますます増大したことと思われる。中山道を行く一大行列は無類の壮観ではあったが、行列の主人公である和宮にとっては、見も知らぬ他郷への心にそまぬ旅路であってみれば、憂愁の思いは深まりこそすれ、薄らぐことはなかった。いま『静寛院宮御詠草』の中よりこの道中の述懐とおぼしき和歌若干を拾って、その感慨を偲(しの)ぶこととしたい。

旅衣ぬれまさりけりわたりゆく　心もほそき木曽のかけ橋

遠ざかる都としればたびごろも　一夜のやども立うかりけり

住み馴れし都路出でてけふいく日　いそぐもつらき東路のたび

なおこの詠草集には収められていないが、美濃国呂久川通過の際、土地の豪家馬淵某より進上した紅葉の一枝を御覧になって詠まれたと伝えられるものに、

落ちて行く身と知りながら紅葉ばの　人なつかしくこがれこそすれ

の一首がある。また同じく詠草集には洩れているが、最も人口に膾炙する和歌に、

惜しまじな君と民とのためならば　身は武蔵野の露と消ゆとも

の一首が伝えられている。この和歌は、和宮が降嫁を決意された時の作とも、京都出発に当っての作ともいわれているが、実際は文久三年の春将軍家茂の上洛中にお詠みになったものかと推定せられている。作歌の時期は別として、これまた和宮のこの結婚に対する心情の一端を伝えるものというべきである。

江戸到着

かくて和宮は道中を恙なく経過せられ、十一月十四日板橋駅（現東京都板橋区）に到着、翌十五日江戸に入り、九段の清水邸に安著された。越えて十二月十一日、首途の

婚儀

儀と同様の威儀を整えて清水邸を出で、大手門より江戸城本丸の大奥に入輿され、翌文久二年二月十一日、将軍家茂と婚儀をあげられたのである。仍って幕府は同月十七日所司代酒井忠義をして成婚のことを奏上させ、ついで三月二十五日彦根藩主井伊直憲・高家横瀬貞固を使者として参内させ、金品を献上して祝意を表わすとともに、皇居東北側の宮垣の増築を申請して降嫁の恩を謝したのである。

天皇の御苦慮

以上のようにして和宮は徳川家茂の夫人となられたが、この結婚について最も責任を痛感し、苦慮されたのは天皇ではなかったかと思われる。これまで述べてきたように、天皇は朝権回復と鎖国攘夷という政策のためにこの縁組に同意せられ、公武一和・天下泰平のためという名分をもって、和宮に降嫁を勧められたのである。そして和宮の固い辞退にもかかわらず、遂には譲位の思召をも示して、その承諾を強いられたのであった。しかしその反面、御兄妹の間であってみれば、御同情の念が誰よりも深かったことは当然であり、またこの縁組によって御兄妹

兄妹の情誼

前途に対する御不安

の情誼がそこなわれることのないよう顧慮されたのである。このため上述のように特に神宮に「兄妹親和」を祈願せられ、また和宮の希望ができるだけ多く叶えられるように種々努力されたことは既述の通りであるが、複雑な縁談の過程においては、それでもなお「兄妹之実情なく、只管私心のため縁組」（『三浦吉信所蔵文書』）を強行するものであるとの風評を耳にされねばならなかった。しかも結婚の条件である幕府の外交措置は、その誓約にもかかわらず全面的な信頼を置くに足らず、和宮の待遇その他の約束も誠意をもって履行されるかどうか不安なしとしなかったのである。このため天皇は和宮東下の日も近づくと、この縁談開始以来の経過を回顧せられ、和宮に対

孝明天皇御画像（宮内庁書陵部蔵）

する責任を痛感されるとともに、和宮一身の幸福と、この結婚の政治目的の達成されることを祈らずにはおられなかったのである。江戸下向を三日後に控えた十月十七日、天皇は和宮に扈従して江戸に赴く千種有文・岩倉具視を召して次の勅諚を賜い、江戸著府後、老中に面談して和宮内願の条項の履行を確約させるように命ぜられたのであった。

縁組条件の履行につき勅諚

先朝の皇胤は朕と敏宮・和宮の三人あるのみ。朕は一人の皇妹を庇蔭すること能はず、降して武将の婦と為し、先朝山陵所在の土地を離れて、遠く東海の浜に居住せしめ、常に兄姉と相見ることを得ざらしむるは骨肉の情に於て忍びざる所なり。然れども朕は骨肉の愛情を以て国家を棄つること能はず、已むを得ずして関東の請願を許容せんと欲し、親しく大樹（将軍）に降嫁のことを和宮に諭したるに、和宮は之を辞するに、妾は先朝遺腹の女にして一回も先朝の天顔を拝することを得ざりしは終身の遺憾なり、因て黒御所（尼門跡寺院）に

天皇、幕府の所信をたださしめる

入り髪を剃り、歳時山陵に謁し、香花を奉じて以て追孝の念を申べんことを願ふのみ、関東の請願の如きは之を郤けんことを請ふとの旨を以てす。朕再三親諭するに及んで、和宮は一女子の身を以て国難を匡済するの用に供することを得ば、水火の中に投ずるも辞せずと上答して之を承諾せり。朕益〻其衷情を憐み、山河万里を隔絶すと雖も、朕は和宮が杖と為り之を扶く可しと誓約す、和宮大に之を悦べり。今や上途し将に関東に行かんとす、朕之を念へば離別の情に堪へざるなり。卿等扈従して関東に到着せば、和宮が曽て内願の事件は奉承実行せんことを猶老中に面諭すべし。（『岩倉公実記』）

天皇はまた同日有文・具視に別の宸翰を授けて、この縁組に対する天皇の御苦心と御期待にもかかわらず、世上には幕府は和宮を人質として廃帝を計画しているとの風聞があり、また幕府の攘夷を口にしているのは頼むにたらないとの風説が行なわれていることについて、幕府当局者の所信を質し、いかにして人心の帰服を図り、外交措置の万全を期すべきか、その施策を推問・商議することを命ぜられた。天皇としては、この縁組を結ばれる以上はあくまで幕府を信頼し、公武合体して時局に処する御覚悟であり、この結婚によって公武間の真実の和熟が実現し、鎖国の方策が達成されることを衷心より期待されていたのである。にもかかわらずこのような風説を聞かれることははなはだ残念なことであり、この御期待が裏切られることのないよう、この機会にあらためて幕府当局者の所信を徴せられる必要があったのである。ちなみに、廃帝云々のことは、すでに安政五年堀田・間部両閣老上京のころにも世上に噂されていたが、この時になってまたまた盛んに流布されていたのである。幕府が和学講談所の塙次郎（忠宝（ただとみ）保己一の四男）その他の国学者に命じて廃帝の故事を調査させたという巷説が行なわれたのもこのころのことであるが、和宮の降嫁とこの巷説とを結びつけて、幕府の降嫁要請は廃帝計画実行の準備行為であるとの流言もあらわれるに至った。そしてこの流言に憤激した尊攘派志士は幕奸膺懲を叫んで大いに人心を煽動したのであった。後のことではあるが、文久二年正月水戸浪士と宇都宮藩士が坂下門外で老中安藤信正を要撃した事件や、同年四月の京都伏見の寺田屋事件なども、和宮降嫁と廃帝計画の風評が一つの原因となって起きた事件であった。

家茂誓書を捧呈

有文・具視は江戸到着後、和宮の入輿に先だつ十一月二十一日登城して久世・安藤両閣老と会談し、廃帝云々の件について尋問し、家茂より自筆の誓書を上って天皇の御心を安んずべきことを要求した。数回の交渉の末、幕府は遂にこれを承諾し、十二月十三日家茂の誓書を両名に託したのである。朝幕交渉史上、将軍が天皇に自筆の誓書を上ることはいまだかつてなかったことであった。有文・具視はさらに上述の両宸翰の意を敷衍して、入輿後の和宮の待遇、攘夷の期限・方略を初め時務策数項について説明を求めたが、この際天皇は幕府に対して和宮の希望条項の履行を求められる一方、幕府側に対する御配慮をも伝えしめられた。

家茂に対する御配慮

それは、将来和宮と家茂との間に不和が生じた場合には、これを解くため随時廷臣を御使として差立てられる用意があること、和宮に万一心得違いがあって政道上支障を生ずるような事態が起きた場合には、内々言上すれば天皇より直々お諭しになるつもりであること、和宮は御所の風儀を守るが、これは和宮の周辺のみ

天皇の御誠意

に止めるべきで、将軍が御所風に同化されて柔弱とならぬように留意すべきであることなど数項にわたったが、このことは、いかに天皇がこの縁組の成功を希望し、朝幕間の和熟を欲せられていたかを示すものであろう。このような天皇の懇篤な御配慮は幕府当局者の深く感佩するところであったが、利害の錯綜した政治問題の処理に関しては、天皇の御要望に即応することはできなかった。すなわちこの際天皇の最も確かめられたかった鎖国攘夷の見込み如何という国政の眼目に

幕府の糊塗

ついては、条約の破棄を第一とはするが、これを各国に強談する場合には開戦の危険のあることを指摘し、さらに開戦不可避の情勢となれば、叡慮を伺い定めた

上で和戦を決するつもりであると答えるに過ぎなかった。かくて天皇は幕府より遂に攘夷の決心と、その確乎たる方略について確答を得られることはできなかったのである。

第三　家茂夫人として

一　大奥の生活

かくて和宮は文久元年十二月より明治元年四月江戸開城までの六年有余の歳月を江戸城大奥で過ごされることとなった。では和宮はこの江戸城内での生活をどのように過ごされたであろうか。やや後のことであるが、慶応元年五月、御附の女官庭田嗣子より宮中の女官に宛てた書翰に次の一節がある。

家茂夫人としての心がまえ

誠に思しめしよらぬ御縁ぐみにはあらせられ候得共、御治定にて御入城もあらせられ候上は、何卒其御家の御治り御よろしく、御貞節を尽され、後〱迄も御ほまれを残され、御名高く後〱記録にも御ほまれを残され候へば、急度御直宮さまの御威光も立られ、御孝心さま御貞節の御本と何れも有難りまいらせ候御事（下略）（『静寛院宮御消息』）

嗣子は和宮の江戸下向に当り、天皇より特にその輔導を命ぜられた女官であるが、この文面によると、嗣子は和宮が将軍の妻として、後世までほまれ高い名を残されることをこいねがい、この方針の下に輔導に当ったことが知られる。人の妻たるものに対して家内の和合を説き、貞節を求めるのは当然のことであって格別異とするには当らないが、特に後世までの名を云々するのは、和宮が皇女として世の儀表となるべき立場にあり、またこの結婚が類いまれな公武間の縁組として重大な政治的意義を担っていることに深く留意したためであろう。そしてこのような嗣子の輔導の方針は、すなわち和宮の家茂夫人としての心がまえを示すものにほかならなかった。従って和宮の生活態度は決して安易なものであることを許されなかったが、他面江戸城大奥の生活の実際も、この結婚が幾曲折を経たのにも似て、第一歩より平坦なものではなく、その終末もまた波瀾にみちたものであった。そしてこの間和宮は多くの苦労を経験されねばならなかった。

幕府の背信

和宮の江戸での生活は、まず縁組条件に対する幕府側の背信(はいしん)より始まったということができる。この縁組に当って和宮より数項の条件が提出せられ、幕府側がその遵守(じゅんしゅ)・履行を確約したことは上述したとおりであるが、にもかかわらず、幕府当局は和宮の江戸到着とともに、これらの条件のうち、父天皇の十七回忌に際しての上洛と、御所風の生活慣習の遵守との二項については、忽ちその約束を無視する態度に出たのであった。

上洛の延期

まず上洛のことは、父天皇追慕の孝心によるものであり、この要望の故に幕府側との間に降嫁時期に関する調整が容易につかず、一度(ひとたび)は破談の危機をも招くに至ったのであった。従って和宮は江戸下向以前再三その確認を求められ、幕府側もこれを確約したのであったが、和宮の江戸到着後間もなく態度を変え、道中筋の困窮・難渋を理由として、明春の上洛の延期を願い出たのであった。中山忠能・橋本実麗(さねあきら)など扈従(こしょう)の朝臣は事の意外に驚き、幕府の違約を責めたが、その意向を翻えさせることは困難であった。そして和宮自身も幕府の願意が沿道の疲弊を理由とする以上、これを無視して父天皇の法会に上洛することは穏便でないと考えられ、結局幕府の申し出を承諾されざるをえなかった。かくて幕府側と折衝の末、明後年の文久三年十月新朔平門院(しんさくへい)(仁孝天皇の女御、皇太后鷹司祺(やす)子)の十七回忌法会まで上洛を延期することとして、明春の上洛を中止されたのであった。

御所風の折り合い

次に御所風の遵守のことは、日常の起居を初め諸行事の際の進退作法や結髪・服装など、いわば和宮の生活の全般を公家風の風儀で行ない、武家風の仕来りによらぬことを意味するものであり、ひいては和宮の礼遇にも関係をもつ重要な条件であった。そしてそれだけに、この条件の実行には多くの困難がつきまとったのである。江戸到着の日の庭田嗣子の『御側日記』に、「今日より大分の城の風義

実麗らの折衝

を致す、宮さま御輿も女陸尺(ろくしやく)(かごかき)御玄関へかき上げ候由、何事も大分むつかしく相成り候。(中略) 今日より伺(うかがい)かた江戸の風義に致し候やと花ぞの殿(和宮御迎えのため上落した幕府の老女)申され候へ共、何分京都の御風と仰せ出られ御座候御事故、矢はり京御風に伺はされ候由返答致し候」とあり、江戸到着早々にして京風と江戸風との衝突が早晩起らざるをえないことが予想せられる有様であった。そして果してこの後御所風のことは、入城を前にして、扈従(こしよう)の忠能・実麗などと幕府の表役人や大奥の女中の間で、しばしば折衝が行なわれたのであった。この交渉で論議された具体的な事項は明らかでないが、実麗の日記の伝えるところによると、大奥の女中は御所風の遵守というようなことは一切承知していないといい、表の関係役人もまた実麗などの主張を取上げようとしないばかりか、この縁談の責任者の立場にある老中達までも曖昧(あいまい)な応答をするだけで、全く要領を得ることができなかったのである。

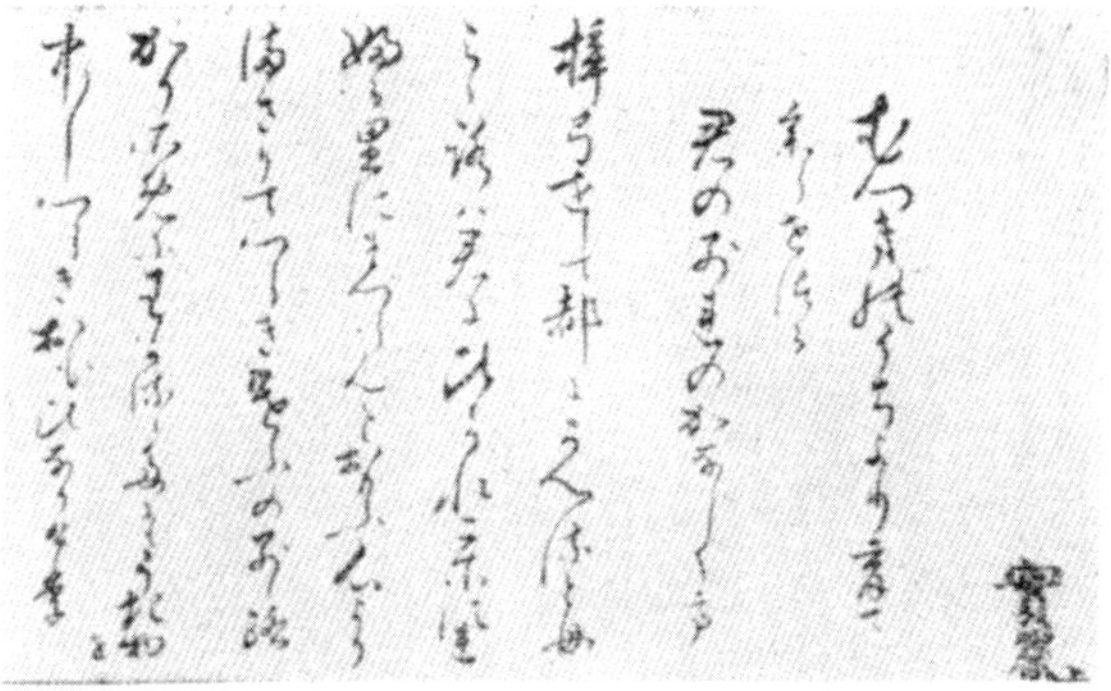

岩倉具視の報告

橋本実麗の筆蹟　文久2年2月和宮に上った和歌

（宮内庁書陵部蔵『橋本実麗詠草』）

この上京と御所風に関する交渉の状況は、当時和宮に扈従して江戸に下向していた岩倉具視より議奏正親町三条実愛（さねなる）に送った十二月五日附の書翰（『久世家文書』）に極めて印象的に伝えられている。これによると、この両問題の交渉が難航したことについて、「十一月十六日著府之処、其後和宮御方御風邪少々御念入（ねんいり）候由、（中略）是は如何相成るべき事と存じ候処、漸く廿九日御仕舞（しまい）（病気全快をいう）出来せられ、一昨々日漸く十一日御入城と仰せ出され候。表通りは御風（おかぜ）に候得共、内実は様々違約之事共これあり、本丸大奥と折合はざる事哉（か）と存ぜられ候。先来年御上洛之事、次に御所風之事専らに候」とあり、朝幕双方の主張が調整できぬため、風邪を口実として入城の期日を延期させ、その間に解決に努めようとしたことが知られる。

幕府の応接誠意なし

さらに幕府側の応接の態度が頗る不誠意なものであったことについては、「宮御方何を仰せ出され候ても、橋卿（実麗）兎角申し候ても、雲州（京都町奉行関行篤）、左様之事仰せられ候てもいけぬ事いけぬ事、内実は主上御妹一人を江戸へ御売成され候事、万事主上と殿下（九条尚忠）と御承知之事抔と心切らしく申し立て、辨舌に任せ言ひ廻し候旨にて宮にも大御歎息之御様子、橋卿にも不服之趣無理にもこれなく」と報じていることによって、大凡の雰囲気が察せられるのである。そして具視もこの書翰で、十一日の入城が果して予定通り実行されるかどうかと懸念しているのであるが、このような状況にあっては入城後の生活も危惧されたためであろうか、

入城延期の忠告

入城前夜に当り、その延期を忠告する者も生ずるという始末であった。

侍女の待遇

このような幕府の不誠意な態度は、当然和宮に随行してきた朝臣や侍女たちを憤慨させたが、さらに和宮側近の不平をつのらせたものに待遇問題があった。前述の具視の書輸もこのことに触れて、「女中向何れも無事之由に候。併居所・食物類何れも厳敷もの丶由、針妙（裁縫に従う下級の召仕）向は泣き暮し候。一口にだまされたと申し居り候由にて、是は昨日中卿（中山忠能）より噂にて三浦（七兵衛）へ段々申し聞け候所大仰天にて早速取調に掛り候由に候。何かごてごて行違計りにて始末揃はざる事共に候」と伝えている。これは幕府役人の手違いによるもので、他意あるものではなかったが、それにしても幕府の冷遇は侍女達にとって案外のことであった。

またこのような冷遇は下級の侍女だけにかぎられたものではなく、典侍庭田嗣子・命婦能登などの側近の御附女官に対する待遇も決して厚くはなかった。たとえば嗣子より宮中の大典侍・勾当掌侍に宛てた報告によると、嗣子・能登両名に与えられた江戸城中の居室は僅かに八畳二室に過ぎず、しかも日当りの悪い「闇夜の如き間」であったため、手紙を書くにも椽座敷まで出なければならぬような状況であったという。しかし和宮および侍女一同を最も憤慨させ、口惜しがらせたのは、和宮が初めて家茂の養母天璋院に対面された時の礼遇であった（天璋院については一一一ページ参照）。翌文久二年二月九条尚忠より家茂の後見田安慶頼に宛てた書翰その他によると、この対面の際、天璋院は上座に就き、茵の上に着座したのに対して、和宮の席はその左掖の下座に設けられ、かつ茵の設けもなかったのであった。これは一般の親子・嫁姑の間の礼節としては妥当であっても、皇女たる和宮に対する礼遇としては当を失したものであった。公家の礼節に従うと、たとえ天璋院が和宮の姑に当るとしても上席に就くことはなく、少なくとも両者対座として、茵の設けも同様にすべきものであったのである。このため和宮は無念の思いに堪えられず、観行院や嗣子もさすがにお慰めする言葉もなかったという。しかもこのような礼節の失当は、たとえばこのことを所司代酒井忠義の用人三浦七兵衛に知ら

天璋院対面の礼節

宮中の威光丸つぶれ

せた千種有文の書翰にも、「夫（それ）にては禁中之御威光丸つぶれと申す事に相成り候て、何共何共心配候」（『三浦吉信所蔵文書』）としるされているように、単に和宮の一身に関する問題というだけのことではなく、ひいては朝廷の権威にかかわるものと考えられたところに、より一層深刻なものを内蔵していたのである。

違約詰責の勅使を差遣されんとす

このような意想外な幕府の態度を庭田嗣子の報告によって知られた天皇は、幕府の不信を頗る憤慨せられ、勅使を遣わしてその違約を詰責されようとしたのであった。殊に天璋院の失礼な態度は天皇の最も心外とされた点であった。しかし勅使の東下となっては事態の収拾が困難になると憂慮した九条尚忠や酒井忠義の執り成しでこのことは一時見合わせられることになり、これに代って尚忠は二月十九日勅旨によって書翰を田安慶頼に送り、幕府側の反省と善処を求めたのであ

九条尚忠、田安慶頼に善処を求む

った。尚忠の書状は和宮縁組の経緯と幕府の違約の事実をあげてその責任を問い、幕府の違約が天皇のお怒りを招き、その結果朝廷と幕府の間に表立った交渉が始

まることになると、ひいては天下の物議を醸すこととなり、公武一和のためのこれまでの苦心も全く水泡に帰するであろうと説いたものであった。このように朝廷では勅使東下の意向を見せ、また尚忠の忠告もあったため、幕府も態度を改め、和宮に対する礼遇や御所風の履行のことも漸次改善されることとなったのである。この後四月の初め、嗣子より宮中の女官に宛てた手紙には、このごろはまず穏やかであるので、勅使東下のことはしばらくお見合わせ下さってはいかがであろうかと大奥の様子を伝え、また同年七月別命によって東下した勅使大原重徳に対しても、「先々此比にては穏のかた、少し合点も参り候人も御座候かと思しめし候」（『静寛院宮御消息』）と江戸城中の折り合いも次第に好転してきたことを伝えているのである。このようにして違約問題は一応落着し、この後も表面化して大事を起こすということはなかったが、御所風の維持については今後も相当に神経を使わねばならなかったであろうことは想像に難くないところである。なお上洛の問題については、上述のように文久三年まで上洛を延期したのであったが、この後も和宮の度々の催促にもかかわらず、幕府は容易にその準備に着手しようとはしなかった。そしていよいよ文久三年に至ると、幕府側では、和宮が一旦上洛されると、そのまま京都に留まって江戸に帰られなくなるのではないかという疑念に加えて、攘夷の断行を初めとして緊迫した政治情勢が引続いたため、上洛の履行を欲せず、朝廷側もまた緊張した政情の下では到底和宮の要望を顧みる余裕はなかった。このため天皇は和宮の懇望と縁組の際の約束を無視することを遺憾とされながらも、世情の平穏になるまで上洛を辛抱するように諭されざるをえず、和宮も天下多事の際に一身のことで天皇をわずらわすことを遠慮され、遂に上洛を見合わせることとされたのである。同年六月この上洛中止のことを宮中の女官に知らせた嗣子の書中に、「さてく御楽しみもあらせられず、御残念く限りなく思しめし候」と和宮の残念な気持を伝え、また「どふぞく神仏の御力にて夷人(いじん)程よく拒絶に

上洛遂に行なわれず

和宮の落胆

相成り、何卒〳〵天下泰平御治世にてめで度御願通り御上洛」と、上洛の日を迎えることのできるよう祈念すると伝えている。蓋し上洛のことは降嫁の際の条件であるばかりでなく、和宮にとっては江戸下向以来おそらく唯一の楽しみとされてきたものであった。しかしここに至って、この楽しみも遂に消え去り、上洛は結局幕府崩壊の後まで実現されなかったのである。

大奥の生活環境

以上のように江戸での生活は意想外な幕府の違約によって始められたが、江戸城内大奥の生活環境もまた和宮にとっては、はなはだ厳しいものがあった。和宮の在城のころの大奥には上述の天璋院を初めとして、十三代将軍家定の生母である本寿院（旗本跡部正賢女、於美津の方と称す）、夫家茂の生母である実成院（紀州藩士松平晋の女操子、於美喜と称す）などがそれぞれ別殿に、多数の侍女に擁せられて起居していた。これらの侍女の数は勝安芳（海舟）の談によると、天璋院附の女中は二百六十人、和宮附の女中は二百八十人もいたといわれるので、全体の数は夥しいものであったことと想像されよう。そ

本寿院・実成院

してこのような多数の女性を中心として形成された大奥の生活は、非常に複雑な、また煩瑣に堪えないものであった。そこには恒例・臨時の諸行事に関する典例・故実はもとより、日常の起居進退・交際・服飾その他もろもろのことに悉く積年の慣例があり、これらの仕来りが相集って江戸風・武家風の生活慣習を形成していたのであった。

御所風と武家風の対立

しかもこれらの慣習自体がすでに複雑煩瑣であるのに加えて、封鎖的な生活環境の常として嫉視・反目などの対立感が内在するとともに、新奇なものや異風なものに対する排斥心が因習として累積していたのである。もっともこのことはひとり幕府の大奥に限られたものではなく、朝廷や大名の奥向も同様であったが、新参者である和宮およびその侍女が武家風に対立する御所風の遵守を条件として大奥の生活に臨んだことは、大奥の女中の反撥心をかきたてるに充分であった。しかも風習の相違は思わぬ誤解を生む原因となって対立感を助長し、その結果、多数の侍女の中には些細なことで互いに反目・抗争するものも生

大典侍、大奥の和合を忠告

じ、累を和宮に及ぼすこともしばしばあったことと察せられる。文久三年九月大典侍・勾当掌侍（こうとうのないし）の両名より嗣子に送った手紙の中に、天璋院が和宮の世話をしたいと思っても、京方の人々より風儀の違いを笑われるので、世話をいたしかねているという情報が京都で行なわれていることや、先年和宮の上﨟土御門藤子が上京した際に関東の風儀を笑話にしていたことを例としてあげ、若年の侍女の間で関東の風儀の違いを笑うようなことがあっては大奥不和の原因となり、和宮の御為にもならぬことである、和宮も徳川家に嫁せられた以上はその家の和合を第一に考えらるべきであるとして、大奥の融和と侍女の監督を要望することが述べられている。このことは侍女の間に公家風を誇り、武家風を軽侮して風儀の相違を笑うものがあり、それが原因となって、大奥の女中の間に対立・反目が生じていたことを示すものである。和宮の侍女の中には、この書翰に指摘しているような不心得なものもいたことは嗣子も認めていることであって、嗣子もその返翰で

御所の威光を立てんとす

若輩の指導・監督の苦心を述べているのである。

しかし大奥の生活の苦労はひとり「御風違（ごふうちがい）」のみがその原因ではなかった。それはまた江戸風の生活環境の中に住みながら、和宮の皇女という特殊な身分と、これにともなう礼節をいかにして維持するかという点にも存したのである。この年十月嗣子より大典侍・勾当掌侍に宛てた書翰の中で、嗣子はこの点に関する苦心について、「何分〳〵御風違の御事故、猶更（なおさら）〳〵大樹公・天璋院御かたへの御儀理合（ぎりあい）も一入（ひとしお）〳〵御六ケ敷（むつかしく）、何分御直宮（じきみや）さまにて内親王さまの御事故、どふぞ〳〵御所の御威光は御立て遊ばし候て、大樹公御はじめへの御礼節も御不都合あらせられぬようにと存じ上げ候へば、よほど不行届の私には重荷にて、実〳〵〳〵心配〳〵〳〵申し尽しがたく候」（『静寛院宮御消息』）と歎いているように、嗣子らの望むところは、皇女という身分をいやしめないよう、しかも将軍以下に対する礼節・義理合いも相応に尽くしたいというにあったのである。しかし生活風習の異なる幕府の大奥において、「御所の御威光」を背負った尊貴な直宮の身分と、徳川家の家族の一員としての礼節とを調和させることの難しさは、天璋院との初対面の際の礼節問題で証明済みであった。「御所風」といわれる伝統を誇る生活慣習と並んで、皇女という尊貴で、特殊な身分が、実に新しい生活環境との同化・融合を困難にしていたということができよう。

和宮、家茂の草履を直さる

このような生活条件の中で、和宮の懸命な努力を伝えるものとして、勝安芳の『海舟余波』に左の一佳話が載せられている。

和宮が入らした初めはみんな閉息して窺つて居たのさ。すると或る時、浜御殿へ天璋院と将軍と和宮と三人で居らしたが、踏石の上にどう云ふものか天璋院と和宮の草履をあげて、将軍のだけ下に置いてあつたよ。天璋院は先きに降りられたがねー、和宮は之を見て、ポンと飛んで降りて、自分のを除けて将軍のを上げて辞儀なすつたさうで、それでぴたと静まつたよ。

皇女として生れ、典例故実の中に侍女にかしずかれて育ってきた若年の女性が、このように機敏で、適切な、しかもその出自（しゅつじ）にこだわらぬ行動を取るには、余程（よほど）の修養・努力が必要であったことと考えられるのである。

天璋院

なおこのような複雑な条件をもった大奥生活の一焦点をなすものとして、天璋院との折り合いがあった。前にも触れたように、当時江戸城内には天璋院のほかに本寿院・実成院の二夫人がいたが、ともに側室の身分に過ぎず、これに対して天璋院は家定の正妻として、さらには家茂の養母として、大奥において最大の勢力を有していたといわれる。そして和宮にとってもまた、姑（しゅうと）として最も敬意を表せられねばならぬ相手であった。天璋院（一八三六―一八八三）名は敬子（すみこ）といい、篤姫と称する。実は鹿児島藩主島津斉彬（なりあきら）の一門島津忠剛の女であるが、将軍家定の継室とするために斉彬の養女とした上、さらに近衛忠煕の養女とされたのである。この天璋院と家定の結婚は、老中阿部正弘が雄藩と結んで幕府政治を指導・改革しようとする意図によって成立したものであって、また一の政略結婚というべきものであった。姑とはいえ、和宮より十歳の年長に過ぎなかったが、その逸話によると、なかなか利かぬ気象の人物であったらしい。逸話の一－二を紹介すると、鳥羽伏見の戦の後、幕府有司の内に天璋院を実家に返すということを説くものがあったが、これを聞いた天璋院は心中はなはだ不平で、いかなる罪があって郷里に返そうとするのか、無理に帰国させようというならば覚悟があるといって、昼夜懐剣を手放さなかったという話が伝えられている。また維新後島津家から手当金を贈ろうとしたが、徳川家に嫁した以上は盛衰ともに徳川家に従う覚悟であるとして、その申し出を謝絶したといわれる。維新以後衰微した徳川家の家政を切りまわし、幼年の当主家達の養育に尽くしたのは実にこの女性であった。徳川家では現在もなお天璋院の仕置として守られている仕来りも少なくないという。和宮が大奥で最も敬意を表せられねばならぬ天璋院は、これらの逸話に示されるような、いかにも気象の烈しい、賢明な女性であった。しかも天璋院は元来和宮の入輿には不賛成であったという噂(うわさ)もあった程であり、また和宮と初対面の際には礼節上の紛議が生じたことは前述の通りである。このような関係にあった和宮と天璋院との間には、なんとなく対立感がただようことも止むをえないことであった。『海舟余波』には、和宮と天璋院の対立を示す事例として、次のような安芳の談話が載っている。

天璋院との対立

勝安芳の談

天璋院と和宮とは初めは仲が悪るくてね。なに、お附のせゐだよ。初め和宮が入らした時に、御土産の包み紙に「天璋院へ」とあったさうな。いくら上様でも徳川氏に入らしては姑だ。書(かき)ずての法は無いといつて、お附が不平をいつたさうな。夫(それ)であつちですれば、こつちでもするといふやうに競つて、それはひどかつたよ。

この談話と、上述の初対面の際の事件とを合わせ考えると、和宮と天璋院との

天璋院との融和に努めらる

間柄は、和宮の側ではあくまでも皇女である身分を堅持しようとし、天璋院の側では姑たる立場を明示しようとしたところに、まず感情のもつれが生じたことが知られる。そしてこれを発端とした感情の対立・疎隔は、「御風違」や、侍女相互の間の反目・嫉視が積み重なることによって、次第に内攻せざるをえなかったことと察せられるのである。従って和宮は、天璋院との交際には最も留意し、感情の融和、意志の疎通を図るために、絶えず細心の配慮を必要とされたのであった。

このような配慮を示す一例として、次のような事件があげられる。文久三年八月、これまで和宮と同じく本丸の御殿にいた天璋院が突然二ノ丸の殿舎に移居しようとしたことがあった。これは当時天璋院が従前のように御台所の御殿を占有しているので、和宮には止むなく召使いの用いる部屋に住んでおられるという噂があり、これを伝聞した和宮の世話卿野宮定功が自己の一存で在京中の老中に善処を要望したが、このことがあたかも天皇の思召であるかの如く天璋院に伝えられ、

天璋院の移居を差しとめらる

その感情を傷つけたためであった。和宮は最初このような事情を知っておられなかったので、天璋院の申し出のままに任せることは義理を欠くことであり、また大奥の不和を増す原因となると考えられ、移居を思いとどまるよう再三翻意を求められた。しかし天璋院は一向これに応ぜず、しかもその間なにかしら面白くない気配がある上、このことは天皇の思召によるものという噂も耳にされたのであった。このため、和宮は深く心配せられ、事の真相を宮中の女官に問い合わされるとともに、天皇の思召としてこの移居を差しとめるよう配慮することを依頼せられた。時に朝廷ではいわゆる八月十八日の政変の直後で、極めて多事の際であったが、天皇は和宮の立場を考慮せられ、女官をして移居差しとめの書翰を送らしめられたのであった。この事件は上述のように、全く天璋院の誤解に基づくものであったが、これによって、和宮と天璋院との間にはとかく行き違いが生じやすかったことが知られるとともに、和宮とその側近はもとより、宮中においても、

家茂との間柄

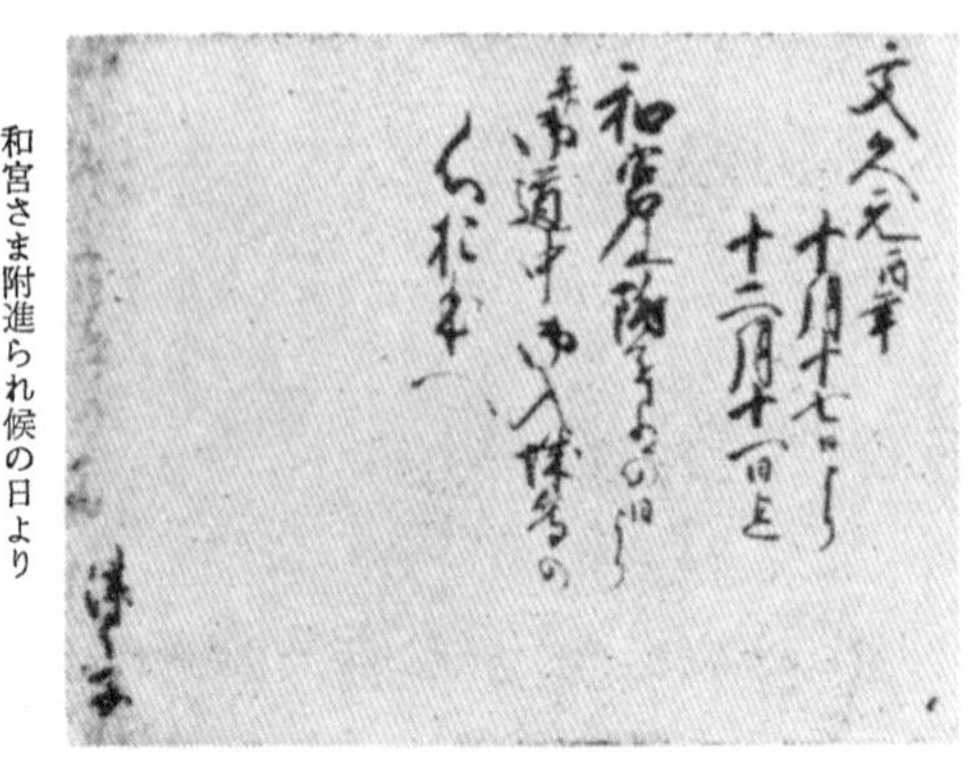
和宮さま附進られ候の日より
幷御道中御入城等の心おぼへ
つぐ子

『和宮御側日記』（宮内庁書陵部蔵）

和宮と天璋院の融和、総じて大奥の和合について、いかに心を配っていたかがよくうかがわれるのである。

以上のように、和宮は結婚以来激変した生活環境の中にあって、これに順応し、和合していくための苦労を経験されなければならなかったが、では夫である家茂との間柄(あいだがら)はどうであったか。『御側日記』には平板な日常の記事にまざって、家茂との仲合(なからい)を偲(しの)ぶに足る記事が散見している。文久二年四月九日の記事には、「大樹(たいじゅ)さま吹上にて御乗馬、御高台へ御拝見に成らせられ候。くわん御(ぎょ)のせつ御み

『再夢紀事』に見える家茂の誠意

やに石竹進じられ候。今ばん御とまりにて御迎ひ進じられ」とあり、翌十日の条には、「昼後俄の思しめし立にて大樹さま一ノ御殿へならせられ、御みやに金魚進じられ、しばし御咄し合、嗣子はじめ三仲間（下級の女官）も御対面、御手づから下され物あり」との記事も見られる。さらに六月六日の条には、家茂の所望により和宮が染筆の短冊を贈ったところ、家茂はその返しとして、みずから鼈甲のかんざしを持参して和宮に贈ったという記事も見られるのである。しかし家茂の和宮に対する気持を最もよく示すものは、次の『再夢紀事』の記事であろう。それによると、文久二年七月、家茂は新たに政事総裁職に就任した松平慶永（春嶽）と施政の方針を協議した節、朝幕関係について、「公武御間柄の義も和宮様と御睦敷御大切にさへ思召され候はゞ、自然御一和にも相成るべし。御形容計にて、御実情これなくては御貫通これなし」との意見を述べたことが伝えられている。家茂は時に十七歳であったが、いかにも少年らしい純真な気持をもってこの結婚の意義を理解し、誠実な愛情をもって和宮に相対していたことが知られるのである。和宮が椽先よりとび下りて家茂の履物をみずから揃えられたという健気な行為も、一つには家茂の誠実な気持に対応された自然な姿であったのかも知れない。大奥のわずらわしい毎日ではあったが、夫である家茂の誠実な愛情が一つの慰めであったことと思われる。

和宮・家茂不和の説

しかし幕府大奥の女中から出たと想像されている伝承に、和宮と家茂の間柄は極めて疎遠であって、家茂が慶応元年（一八六五）五月長州再征のために江戸を出発した際にも、和宮は病気と称して見送りもされなかったという説がある。しかし上に述べた事例によっても和宮と家茂の仲が特に疎遠であったとは考えられないし、またこの伝承の中に例としてあげられている家茂出発の際のことをもはなはだ信用しがたいのである。すなわち『御側日記』によると、出発も間近い五月三日家茂が駒場野で旗本の軍容を親閲した際には、和宮は家茂の勧めによって吹上の三角

上洛前日の様子

矢来よりその行軍の有様を見ておられる。また出発前日の五月十五日の動静については、「明日御発途に付御暇御対がん。（中略）ひる後度々御迎にて御錠口（大奥における将軍の居所）へ成らせられ、御庭へも御一所に成らせられ候。こなたへも御暇に成らせられ候て、宮さまへ御小だんす一箱進じられ候。こなたよりはいろ〳〵御一台進じられ、嗣子初も御側へめし候て、半切・御枝折・御薄板・御短尺ばさみなど送らせられ候。直に還御なり、御同道にてまた〳〵御錠口へ成らせられ候。俄に御錠口にて御夜食御一所に上らせられ候。一応還御にて、又々初夜前御迎にてしばし成らせられ、還御」と詳しくしるされており、お互いにいかにも名残りを惜しまれた様子が彷彿とうかがわれるのである。このような次第で、疎遠であったというのは、果して真実を伝えたものかどうか疑わしい。もっとも家茂と和宮の間が不仲であったというのは、家茂の侍妾を置くことに関連して憶測した説であったかも知れない。というのは、和宮には元治元年（一八六四）の六−七月ごろ、懐妊の徴

家茂の侍妾選定

候があるというので、お附の侍女は分娩の際の諸準備に著手したことがあったが、これは遺憾ながら真の懐妊ではなかった。そしてこのため、人々は一時に失望落胆したのであったが、その前後幕府有司の間では、時節柄将軍世嗣(せいし)がすみやかに誕生することを望み、家茂に侍妾を進めることが内議せられ、同年十一月和宮の同意を得て、その人選を行なうことになったのであった。このことは夫婦間の危機となりうるものであったが、『御側日記』の記事によると、和宮は有司の申し出を快(こころよ)く諒承された上、家茂とともにその候補者を透(す)き見されており、またこの候補者が家茂の意向に合わず、取止めとなった後も時折り人選の促進を勧められているのである。従ってこの侍妾の問題によって、和宮と家茂の間柄が冷却し、不和を生じたとも考えられないのである。なおこの侍妾の人選は慶応元年五月に至ってようやく決定し、家茂の江戸出発の前日、和宮よりこれを家茂のもとに進めたのである。ちなみに従来家茂に側室のなかったことが、家茂と和宮の夫婦の間柄の美しさを示す例証として強調されているが、この侍女がこの後家茂の側近に仕えたものとすれば、この説は若干補正を必要とするものといわねばなるまい。

二　家茂の上洛

和宮と家茂との結婚生活は、文久二年（一八六二）二月の挙式より慶応二年（一八六六）七月家茂の死去に至るまでの四年有余の短期間に過ぎなかった。しかもこの短い年月をさらに短くしたものは、家茂の三回にわたる上洛であった。

時勢の急進

家茂が初めて上洛の途に上ったのは、和宮との結婚後一年を経た文久三年（一八六三）二月のことであった。いまこの一年間の時局の推移を顧みると、幕府は和宮の降嫁によって辛うじて公武合体の基礎をつくりえたかに見えたのであるが、その間時勢は公武合体というような妥協策をのりこえて、激しい勢で変転したのであった。和宮の婚儀に先だつ文久二年正月、老中安藤信正は水戸浪士などのために

尊攘運動の急展開

坂下門外で要撃されたが、この前後尊王攘夷を唱える志士の動きは烈しさを加えるとともに、いつしかその運動の実体は尊王攘夷を名分として幕府を窮地に追いこみ、これを打倒することを目的とするものに変っていた。一方この尊攘派志士の運動に対して、雄藩の藩主および上級武士層はなお公武合体政策の推進を図るとともに、これによって国政に介入し、自藩の勢威を高めようと欲するに至った。かくて文久年間以降、朝廷をさしはさんで、幕府・雄藩・尊攘派志士の三勢力の間に政局の主導権を狙って複雑な画策が行なわれ、これとともに政局の中心は江戸より京都に移行し、京都における幕府の支配力は後退を余儀なくされたのである。この時に当って、まず長州藩が国事の周旋に着手したが失敗し、ついで鹿児島藩が周旋に乗り出すことになった。すなわち同藩主島津茂久の父久光は文久二年四月入京して京坂の尊攘派志士の取締りに当る一方、公武合体・幕閣改造の意見を建議したのである。この結果朝廷ではその建議をいれて同年六月勅使大原重徳を久光とともに東下させ、一橋慶喜を将軍後見職とし、松平慶永を政事総裁職とすることを中心とした幕政改革の勅諚を伝達させたのであった。

幕政の改革

これより先四月、幕府は雄藩の国事介入の形勢を察して、まず和宮降嫁の際天皇より御要望のあった安政大獄関係の大赦を行ない、ついで参覲交代制をはじめ幾多の重要制度の改革に着手し、また三代将軍家光以来行なわれなかった将軍の上洛をも内決するという状況であったので、この朝命を奉承することとなり、ここに安政年間以来の懸案であった慶喜・慶永による幕政の指導体制がようやく実現することになった。このようにして公武合体の施策は和宮の降嫁を契機としてその緒につくかと思われたが、しかし久光の東下の間に、尊攘派の勢力は再び京洛の地を風靡するに至り、その進展を困難にさせたのである。

天誅の横行

そして六月関白九条尚忠は辞職を余儀なくされ、ついで佐幕派および公武合体派を制圧するために「天誅」と称して脅迫事件が頻発し、尊攘派の激徒のために幕府の捕吏や佐幕派公卿の家臣など多数が殺傷されたのであった。この間和宮の縁組に暗躍した長野主膳の如きも切腹を命ぜられ、島田左近もまた殺害されて首級を四条河原にさらされている。この脅迫はまた朝臣の間にも及び、殊に和宮の降嫁に関与した久我建通・岩倉具視・千種有文・富小路敬直（ひろなお）の四廷臣および今城（いまき）重子・堀河紀子（もと）の両女官は四奸（かん）二嬪（ひん）と称して排斥され、尊攘派の朝臣や志士の強請（ごうせい）によって蟄居（ちっきょ）その他の処分を受けたのである。

攘夷督促勅使の下向

かくて朝廷の内部は攘夷派公卿の左右するところとなり、九月二十一日攘夷の朝議を決定し、十月には勅使三条実美（さねとみ）・姉小路公知を江戸に下して幕府に攘夷の実行を督促し、親兵の設置を要求するに至った。これに対して幕府は明春将軍上洛の上で奉答することを約束したのであったが、ここにいう攘夷の督促は討幕の方便（ほうべん）として案出せられ、親兵の設置は兵権回復の手段として計画されたものであったといわれ、幕府としてはその対策を見出すことは容易ではなかった。かくして和宮の降嫁後一年にもみたぬ間に、雄藩の国事介入と、尊攘派の勢力の急激な増大とによって、時勢ははなはだ急進し、公武一和を基調とする施策は、これを育成するいとまもなく破れ去ろうとするに至ったのである。

家茂の第一回上洛

このような厳しい政治情勢の中に、将軍家茂は幕府みずから公武一和の気運を増進することによって幕府の勢威を回復し、政局の転換を図ろうとして、文久三年（一八六三）二月十三日上洛の途に就いた。家茂の滞京は三ヵ月に及んだが、その間攘夷派公卿・志士の画策によって、攘夷御祈願のために賀茂社・石清水社の行幸が行なわれ、さらに攘夷断行の期日の決定をも見たのである。そしてその期日の

長州藩の攘夷実行

五月十日には長州藩がたまたま風雨の難を避けて豊前田の浦（北九州市門司区）に投錨した米国商船を襲撃し、ついで下関海峡を通過する仏・蘭両国軍艦を砲撃するに至って、攘夷派の気勢は最高潮に達したのであった。和宮が江戸下向以来楽しみとされてきた上洛を断念されたのもこの際のことであったのである。このように政治情勢は将軍上洛の意図に反し、幕府にとって極めて不利な様相を呈することになった

第二回の上洛の図（『孝明天皇紀』附図）

が、幕府にはこれに対抗する方策もなかったので、家茂は六月十三日大坂を発して空しく東帰したのである。

その後半年を経た文久三年十二月二十七日家茂は再び上洛の途に就いた。これより先七月、さきの長州藩の外艦砲撃について鹿児島藩もまた生麦事件の賠償要求のため来航した英国艦隊と交戦するという事態が起こり、ここに意気いよいよ昂揚した攘夷派の廷臣・志士などは遂に天皇を擁して大和に赴き、神武天皇陵に参拝の後、攘夷親征を名として討幕の兵をあげることを計画するに至った。これに対して、鹿児島藩・会津藩を中心とし

八月十八日の政変

孝明天皇賀茂社行幸

た公武合体派の廷臣・諸侯はこの計画を阻止するために、八月十八日政変を起こして尊攘派の廷臣を朝廷より一掃し、大和行幸の延期と、長州藩の宮門警衛の罷免の勅旨を発表した。ここに政局の主導権は再び公武合体派の取るところとなり、幕府および有力諸侯が協力して国事に当ることとなったのである。この八月十八日の政変の報を得た幕府は、この機に乗じて公武合体の体制を確立しようと欲し、八月末将軍の上洛を決定したのであるが、その後十一月朝廷より国是（こくぜ）決定のため召命があったので、家茂は翌月二十七日江戸を出発、翌元治元年正月再度入京したのである。天皇は入京した家茂に対して、「親睦の厚薄は天下挽回の成否に関係す」（『山階宮国事文書写』）と勅して、いよいよ朝幕の親和を深めることの必要を説き、また庶政委任の御沙汰を賜わったが、家茂も武備増強・国是決定について決意を奉答し、また朝廷尊崇の施策を奏するなど、朝幕間の親和は大いに進められた。しかし一方幕府と国政参預を命ぜられた諸侯の間では政局収拾に関する意見が容易に一致せず、諸侯はこれに失望して相ついで帰国したため、公武合体派による連合体制は早くも崩壊することになった。

公武の融和進む

幕府・雄藩連合体制の瓦解

かくて将軍の在京も無意義となったので、家茂は五月二十日帰府したのであるが、このような公武合体派の分裂は攘夷派に勢力挽回の好機を与え、その中心勢力である長州藩は一挙に勢力を回復するため京都に出兵し、同年七月十九日禁門（きんもん）の変の勃発を見ることとなった。しかしこの戦闘は長州藩の敗北となり、幕府は勅命を請うて長州征討の兵を起こし、遂に同年十一月同藩をして和を請わしめたのである。かくて再び幕府および公武合体派の優勢が現出するかに見えたが、その後長州藩は武備を整えて幕府に挑戦することとなったため、幕府は再度同藩を征討することになり、家茂は慶応元年（一八六五）五月十六日江戸を発して征長の途に上ったのであった。しかしこの征討が結局不成功に終わり、また図らずも和宮と家茂との永別となったのである。

家茂、長州再征に進発

このように家茂の上洛は三回に及び、その京都および大坂に滞在した期間は前後二年有余に及んだので、和宮が江戸城中で家茂と起居をともにされたのは、四年有余の結婚生活のうち、およそ二年六カ月ばかりに過ぎなかった。この点においても薄幸であったというべきであろうが、この上洛についての心労もまた当然のことながら、並々ならぬものがあったのである。家茂が初めて上洛した文久三年二月には、イギリス政府は生麦（なまむぎ）事件の賠償を要求して、東洋艦隊の主力を神奈川沖に待機（たいき）せしめており、その他の諸国もそれぞれ艦船を横浜に集結して形勢を

和宮の心労

黒本尊のお百度参り

観望していた。一方京都においては上述のように尊攘派の勢力が朝廷の内外を風靡し、将軍着京の上はまさに一騒動も起きようかという形勢であったので、家茂の身辺も晏如たりえなかった。従って和宮の心配も深く、その上洛に際して伊勢両宮・山王社など七カ所に家茂の安泰を祈願させ、また家茂の産土神である氷川社には特に思召による祈禱を命ぜられたが、これでもなお安心されなかったものか、天璋院および側近のものと相談の上、芝増上寺護国殿の本尊である黒本尊の御札を勧請して親しくお百度参りの祈願をこめられることとなった。『御側日記』の二月十八日の条に、「大樹さま御道中何か万端どふぞ〳〵御する〳〵と済ませられ、御はやく還御の様御信願にて、何方ぞ御百度あそばし度思しめし候事少進（乳人藤のこと）へ申し候処、猶又竹の間へ相だんのよしにて、早速相だん致され候処、黒本尊さま御よろしくとの御事にて則御治定あそばし、来二十四日よりめで度御はじめあそばし候思しめしなり」と発願の事情が伝えられており、同月二十四日

摩利支天のお百度参り

の条には、「御心願に付、今日より七カ日の間黒本尊さまへ御百度あそばし、御上段に御札を置かれ、四方の御椽座敷を御まわりあそばし候」と、お百度参りの様子が記載されている。黒本尊は徳川家康が守本尊として尊崇した阿弥陀如来の霊像で、恵心僧都が源満仲の願いによって刻んだものという伝説があり、数々の災厄を救った霊験が伝えられている。歳月を経て、香煙のために黒ずんでいることから黒本尊と称するのであるという。ただ社寺に祈禱を依頼するだけでなく、徳川家祖先の守本尊の尊前に親しくお百度を踏んで加護を祈念されたことに、和宮の心願のいかにも深く、切実なことがうかがわれるのである。この後同年十二月の上洛に際しても、家茂の出発期日が定まると氷川社に祈願を命ぜられ、出発の翌日より黒本尊のお百度参りを始められている。また第三回の上洛に当っては、特に長州征討という軍務を帯びていたので、前二回同様黒本尊のお百度参りを行なわれるとともに、武士の守護神といわれる摩利支天のお札を勧請してお百度を踏まれ、さらに番頭某の勧めによって日光の滝尾権現を祀り、家茂の武運長久と戦勝を祈られているのである。

上洛に対する関心

和宮はこのように家茂の身を気遣い、その安泰を祈念されたのであるが、ではこの上洛自体をどのように考えておられたか。第二回の上洛の際のことであるが、『御側日記』によると、文久三年八月上洛のことが内定した時には、「いろいろと心配なことではあるが、上洛を差しとめるのは京都へ対して恐れいることである」という考えがしるされており、また同年十一月朝廷より召命のあったことを聞かれた際には、家茂に対して、「此度又々御上洛仰せ出され、扨々御案事遊ばし候へ共、御とどめもあそばしかね、又御所へも御延引を御願も御用柄の御事故あそばしかね候御事、此上は何卒京都の思しめしも立てまいらせられ候様御取計遊ばし、御首尾よく一日も御早く御帰府に成られ候様御願ひあそばし候」と挨拶されたことが見えている。またこの前後、多分大奥の女中からと想像されるが、

家茂に攘夷を勧めらる

家茂の上洛に関して種々斡旋を和宮に懇願する向もあったが、これらの要望に対しても、「ほかに遊ばし方もあらせられず」として、その要望のままに取り次ぐことを差し控え、ただ家茂が用務終了後すみやかに帰府できるよう、宮中の女官に依頼せしめられたに止まっているのである。この間の和宮の心情を察すると、和宮自身家茂の身を案ぜられ、また斡旋を望む周囲の声を耳にされながらも、この上洛が政務に関することであり、さらに天皇の召命によるものである以上、私情をもって上洛の中止・延期を請いうる筋合いのものではないと考えられていたことが明らかである。この点に和宮が公私を弁別し、政務・朝命を重しとされる態度がうかがわれるのであるが、なお上述の挨拶の後段で、「猶(なお)又御委(くわ)しき御訳がらは京都よりもとんと〳〵御伺(うかがい)あそばし申さずながら、何分異国うちはらひの事に付、深々(ふかぶか)御心配さまの御様子にいつも御伺遊ばし恐れ入りまいらせ候故、何卒程よくうちはらひに成り、御安心さまに成りまいらせられ候様御取計遊ばし上げられ候様」と攘夷の実行を家茂に要望されていることを合わせ考えると、和宮の政務・朝命を重しとする立場にはさらに政治的関心の加わっていることが考えられよう。すでに述べたように、和宮は江戸下向の際、家茂をして攘夷の叡慮を遵奉させるため、天皇より宸翰を賜わって尽力を依頼されていたので、攘夷に関する幕府の施策如何は日頃最も関心のあるところであった。従って和宮がこの挨拶の中で、家茂に攘夷の実行を勧められているのも、もとよりこの天皇の思召に基づくものであった。これらによって考えると、この上洛に対する和宮の心情には家茂一身の安泰を望むとともに、その使命の達成を願い、天皇の思召に応(こた)えられようとする願望が並存していることを知りうるのである。政治使命を担(にな)って降嫁された和宮としては、妻として夫の安否を気遣いながらも、そのことのみに心を委(ゆだ)ねえない立場にあったということができよう。黒本尊のお百度参りに見られるような神仏に対する切実な心願も、このような複雑な心情の然らしめたものと考えられるのである。ちなみに和宮より上述のような挨拶を受けた家茂は、「何分うちはらひに付ては、ふかき御訳がらの御座候御事」とのみ答えているが、この会話の中に、家茂と和宮の政治的立場の相違がはしなくもうかがわれるのである。

第四　使命の終焉

一　近親の死

試錬の年

慶応元年（一八六五）和宮は江戸入城以来四度目の春を迎えられた。そしてこの年より明治元年に至る四年間は、和宮にとっては最も厳しい試錬の時期というべき歳月であった。まず慶応元年八月には生母観行院に、翌二年七月には夫の家茂に、同年十二月には兄天皇に死別されるという不幸が相ついだ上、元年十月には条約の勅許、三年五月には兵庫開港の勅許という外交政策の一大転換が行なわれて降嫁の眼目たる鎖国攘夷の方針は全く没却されることとなり、さらに明治元年には徳川家の追討という朝幕間の破局に際会されることとなったのである。「世の中のうきてふうきを身一つに、取りあつめたる心地こそすれ」という一首は和宮が家茂死去の後に詠まれたものというが、この時期における苦境はまさにこの和歌の示す通りであったと察せられる。

観行院の死去

観行院は元治元年秋より病気がちであったが、慶応元年七月にはもはや回復の望みも薄いことが明らかとなった。このため和宮の心痛はつのる一方で、黒本尊にお百度参りをされ、また伊勢両宮を初め諸社寺に平癒を祈願された。この上は神仏の力にすがって、いま一度の回復をとの心願であったと思われる。そして度々病床を訪れて慰問されるとともに、医療にも細かく心を配られ、幕府の医局に秘蔵する大人蔘(にんじん)や熊胆(ゆうたん)を用いさせて一日も長く存命することを願われたのであった。一方朝廷に対しては和宮養育の功を申し立て、生存中に位階昇叙の御沙汰を賜わりたいと再度にわたって願い、また死去した場合にはその葬儀を身分相応に行ないたいと請われたのであった。和宮の願いにより観行院は八月七日位階を昇叙されたが、その知らせの到達するのも待たず、和宮の手厚い看護の中に同月十日遂に死去したのであった。観行院死去の後、和宮が橋本実麗に寄せられた和歌に左の一首がある。

よる方もなぎさの海人のすて小舟　君をたよりに世をや渡らん

和宮の悲歎

わが身を「すて小舟」と観ぜられた和宮の哀傷はいうまでもないところであろう。

家茂の死去

和宮が生母の病状について憂慮されていたころ、将軍家茂は上述のように慶応元年五月長州再征のため上洛し、その後大坂城に滞陣して征長の軍を統督していたが、翌二年四月ごろから健康が勝れず、六月に入ってから咽喉や胃腸の障害がはなはだしくなり、同月下旬には脚腫も生じたのであった。この家茂重態の知らせが江戸に達したのは七月初めのことであったが、和宮はそれ以来平癒祈願のため黒本尊にお百度を踏まれたのを初めとして諸社寺に祈禱せしめられ、また心願として塩断ちもされたが、これとともに医療に及ぶかぎりの処置をとるように指図することも怠られなかった。殊にこの時家茂の治療はその好みによって、竹内玄同（讃川院）・林洞海などの蘭方医にまかせられていたが、和宮は蘭方医を信用されなかったので、漢方医を用いるように家茂に勧められるとともに、特に天皇からも御勧めいただくように急使を京都に差し立てられ、また江戸から漢方医の大膳亮章庵（弘玄院）・多岐玄琰（養春院）・遠田澄庵などを急行させて治療に遺漏のないように取計らわしめられたのであった。しかし家茂は療養の効もなく、七月二十日遂に死去した。享年僅か二十一歳であった。時に長州再征の戦況は幕府に不利であり、しかも政局も日々に悪化していた折とて、家茂の死去は幕府有司を全く困惑させたのである。「城内寂として人無きが如し、余最も疑ふ、奥に入れば諸官充満一言を発せず、皆目を以て送る。惨憺悲風の景況、殆ど気息を絶せむとす。余大に勇を鼓し、後事を語すれども答ふる人なし」（『海舟全集』巻九、鶏肋）とは、当時軍艦奉行であった勝安芳が家茂死去の日の大坂城中の光景を叙したものである。かくて幕

漢方医に転薬を勧められる

大坂城内の光景

府は家茂の死去を好機として八月二十一日解兵の勅を受け、僅かに敗戦の局面を収拾したのであった。

家茂の冥福を祈らる

和宮が家茂死去の知らせを受けられたのは七月二十五日のことであったが、即日薙髪の決心をされ、またその翌日には実成院の請いによって髪先の一端を切り、これに自筆の阿弥陀仏の名号を添えて大坂に送り、家茂の棺に納めさせて冥福を祈られた。家茂の遺骸はこの後九月六日江戸に帰著し、同月二十三日増上寺山内に葬られた。和宮は一変した境遇の中に、

徳川家茂の墓（増上寺境内）

薙髪、静寛院と称せらる

思いなやまれる日もつづいたが、やがて十二月九日、輪王寺宮（慈性親王）を戒師として薙髪の式を行なわれ、天皇より賜わった静寛院という院号を称せられることとなった。この院号は大内記唐橋在綱の勘進した数個の名称より天皇が選ばれたものであって、『礼記』に「文にして静、寛にして辨あり」（表記章）とあるのを典拠としたものである。家茂の死去に際して、和宮の悲歎の情をうかがうべきものとして、さきに掲げた「世の中のうきてふうきを」云々の和歌のほかに、左の和歌が伝えられている。

家茂哀悼の和歌

三瀬川世にしがらみのなかりせば　君諸共に渡らましものを

空蟬の唐織ごろもなにかせむ　綾も錦も君ありてこそ

着るとても今は甲斐なきからごろも　綾もにしきも君ありてこそ

これらの和歌はいずれも『静寛院宮御詠草』には収められていないが、一般によく知られているものである。殊に「空蟬の唐織ごろも」云々の一首は、家茂の江戸出発に当って、和宮より凱旋の際の土産として所望された西陣織の織物が、家茂の遺骸と同時に御手許に届いたので、これを御覧になって悲歎のあまりお詠みになったものと伝えられ、最も著名である。庭田嗣子の記録した『昭徳院御凶事留』によると、和宮が受けられた家茂の遺品九点の中に「織物一反」と見えている。想像を逞しくすれば、この織物があるいは大坂より届いた西陣織ではなかったか。そしてこの一首はこれにちなんで詠まれたものででもあったろうか。しかしこの和歌は何人かの偽作であろうという説もある。

継嗣の選定

ここに家茂死去の後その継嗣の選定について、和宮のすぐれた見識を示す一挿話がある。前年五月家茂は江戸出発の前夜、万一の場合のことを考慮し、滝山という老女に対して、自分の身に万一のことがあった場合には、田安亀之助を跡目に定めたいから、このことを自分の出発後に和宮へ直々伝えるようにと内命したのであった。

田安亀之助

亀之助は田安慶頼の子で、後の貴族院議長徳川家達である。時に年

適材の選定を希望せらる

齢僅か四歳で、家茂には従弟の子に当った。従って家茂危篤の知らせが江戸に伝わると、この家茂の意向を知った天璋院は遺命の通り亀之助を後嗣に立てようとして、和宮に賛成を求めたのであった。しかし和宮はこれに賛成されず、時局の重大性に鑑みて年長の適材を擁立することを希望されたのである。その意見は同年七月二十四日の『御側日記』に、「仰せ置かれには候へ共、只今の御時勢御幼年にてはいかがと御心配遊ばし候へ共、御後見にても慥（たし）か成る御人御坐候はゞ御よろしく乍（ながら）、さ様なくては誠に御大事故、余人然るべき人躰天下の御為にかん考御坐候様表（おもて）へ申し出で候様と仰せ出さるゝ」とあり、その翌日の記事にも「天璋院さまへ御養君御幼年故御かん考の事（中略）御願ひあそばし度」云々（うんぬん）と記載されている通りである。すなわち和宮の立場としては、妻として夫たる家茂の遺命をどこまでも守るべきことを主張されるのが当然であったが、時局の重大なことに注目され、家茂の遺命にもかかわらず、時局担当の能力ある適材を選定することを望まれたのであった。その適材として誰を考えておられたかは別として、和宮がこのように天下のためという大局に着目して、夫の遺命よりも政治能力の有無に基準をおいて継嗣の選定を考えられたことは、事理に明らかな、すぐれた見識というべきであった。もっとも和宮は最後には天璋院の意見に同調されたのであったが、在坂の老中板倉勝静以下幕府有司は一橋慶喜の迎立を内定して、和宮および天璋院の賛成を求めるとともに、七月二十八日慶喜を継嗣として奏請し、翌日その勅許を得たのであった。これによって、和宮と天璋院は慶喜の相続に同意されるとともに、一方家茂の遺志をも立てようと欲せられ、亀之助成人の上は慶喜の継嗣とすべきことを老中に命ぜられたのである。戊辰の役後、亀之助が徳川宗家を相続したのは、一つにはこのような事情に由来するものであった。

一橋慶喜の宗家相続

亀之助、慶喜の継嗣に予定さる

孝明天皇の崩御

　夫の家茂に死別された和宮はその年も押し詰った十二月になり、さらに兄天皇の崩御にあわれることとなった。天皇はこの月十一日風邪をおして内侍所臨時御神楽の儀に出御されたのであったが、翌日から御不快が続き、十七日に痘瘡と診断されたのであった。その御症状は順当な経過を辿られたとはいえ、かなりの重症である上、御年長でもあったので、決して楽観を許さぬ容体であったが、俄然二十四日に至って急変し、翌二十五日崩御されたのである。時に御年は三十六歳であった。天皇の御病気のことが初めて和宮のもとに伝えられたのは十二月二十二日のことであったが、越えて慶応三年正月二日御重態の報が到達し、御見舞の使を上京させる暇もなく、翌三日崩御の通知を得られたのであった。天皇は和宮にとっては唯一人の兄宮であるのみならず、降嫁に際しては将来とも変ることのない庇護を約せられ、和宮もまた深く頼みとされたのである。和宮が家茂との縁談を遂に承諾されたのも幕府に対する天皇の御苦衷と、公武一和による鎖国攘夷の実現という天皇の思召とを深く顧慮されたからにほかならなかった。従って天皇の俄かの崩御は一人の肉身の死という以上の厳しさをもって、和宮に打撃を与えるものがあったことと思われる。かくて公武一和の人的紐帯たる天皇・和宮・家茂の中、両端の二者はすでになく、中間の絆たるべき和宮のみひとり残されたのであった。天皇の崩御によって儲君睦仁親王が皇位を受けられ、慶応三年正月（九日）践祚の式をあげられた。すなわち明治天皇である。

二　攘夷政策の転換

かくて和宮は慶応二年に至り、その結婚を支えていた二つの柱である夫家茂と、兄天皇とを相ついで失われたが、この前後時勢もまた結婚当時の文久二年とは著しい相違を見せることとなった。すなわち公武合体の政策の実現がいよいよむつかしくなった上、国是と信ぜられた攘夷政策もようやく転換を余儀なくされるに至ったのである。

年次は前後するが、慶応元年家茂の大坂在陣中、突如として条約勅許の奏請と兵庫の先期開港という難問題が発生し、外交関係がまたまた緊張することとなった。初め諸外国は幕府を主権者と認めて外交交渉を行なっていたが、わが国情に対する認識を深めるに従って、朝廷が真の主権者であるとさとるようになった。そして外交問題をめぐって日本国内に紛争が絶えないのは、要するに朝廷と幕府との対立に基づくものであり、従って外交関係を発展させるには朝廷をして現行条約を批准（ひじゅん）させることが先決であると考えるに至った。そこで諸外国は幕府をして条約の勅許を得させようと努力したが、この年九月、新任イギリス国公使パークスはフランス・アメリカ・オランダの三国公使と協議した結果、下関事件（文久三年長州藩の外船砲撃事件）の償金の減額およびその支払延期を条件として、兵庫・大坂の先期開港・開市（予定期限は一八六八年）、条約の勅許、輸入関税率軽減の要求を幕府に共同して提議することになった。すなわち同月十六日四国公使は将軍に直接交渉をするため、軍艦九隻を率いて兵庫沖にあらわれ、その翌日七日間の回答期限を附してこの要求を提

外交問題の緊迫

四国公使の条約勅許の要求

出し、期限内に回答を得られない場合には直ちに上京して朝廷と交渉するつもりであると威嚇したのである。それはまさに城下の盟（ちかい）をせまるかと思わせる勢であったので、在坂の老中はもし諸外国の要求をいれなければ忽ち兵乱が起るであろうと恐れ、

幕府兵庫開港を内決

まず兵庫の先期開港のみを内諾することに内定した。しかるに朝廷はこのことを知って、老中の専断で外交上の重要懸案を内定することは朝廷を軽蔑するものであると態度を硬化させ、二十九日この交渉を担当した阿部正外（まさとう）・松前崇広（たかひろ）両閣老の官位を取上げた上、国許において謹慎することを命じたのであった。

家茂の辞表

老中処罰の朝命に接した幕府有司は、老中の進退にまで朝廷の干渉を受けるようでは国政委任の職責を果すことは不可能であると憤激し、家茂に対して、辞職して抗議すべきであると説いたので、家茂は十月一日辞表を捧呈し、政務を一橋慶喜（よしのぶ）に譲ることを請うとともに、条約を勅許されるように強く主張した。この後家茂は両閣老を処分し、三日大坂を発して東帰の途に就いたが、この形勢に対

して朝廷は家茂の帰府を差しとめて入京を命じ、慶喜もまた帰東の不可を諫めたので、家茂は四日引返して京都に入り、朝議の決定を待つこととなった。そしてこの日慶喜は参内してあらためて条約の勅許と兵庫の開港を請い、いま開戦となっては敗北は必至であり、国家の独立も維持しがたいと徹夜の強論を張って、幕府の奏請を許可することを求めたのである。これに対して朝廷では、四ヵ国艦隊の退去は望むものの、その威容を眼前にしては有効な対策を得ることができなかったので、さらに薩・土・越以下在京十数藩の藩士三十余名を召して意見を徴することとなった。しかし諸藩士の大多数の意見も勅許然るべしということであったので、ようやく朝議が定まり、十月五日条約勅許の御沙汰を慶喜に賜い、家茂の辞表を却下せられた。ただし兵庫の開港については依然として勅許されなかったのである。かくて安政五年以来、多年の懸案であった条約問題は、ここに至り外国の強圧によって解決を見ることとなった。そして条約が勅許されたことは、攘夷の国是がまさに変更したことを意味するものにほかならなかった。

兵庫開港要求の拒絶を求めらる

この条約勅許の情報は和宮に対して深刻な衝撃を与えずにはおかなかった。はじめ和宮は老中が兵庫開港の要求を内諾したことを知られて、深く事の成り行きを憂慮せられた。そして女子の身として政治のことをかれこれ論議することは慎むべきことではあるが、このことは黙過するわけにはいかないとして、十月八日庭田嗣子に命じて、世話卿野宮定功に対し、朝廷が断乎この要求を拒絶するよう要請せしめられ、またこの要望を内々関白に申し入れて然るべき処置をとることを依頼せしめられた。しかし引きつづき条約勅許の御沙汰がすでに下ったことを聞かれると、はなはだこの処置を意外とせられた。

家茂に対する要望

そして同月十二日たまたま和宮および天璋院の使者として上坂する坪内伊豆守に託して、「御条約もいかゞの御次第やながら、何分御根本の御治（おさま）りに成り候様精々御取計（とりはからい）御願ひあそばし度」（『御側日記』）との意見を家茂に伝えさせ、「御根本の御治り」すなわち外交拒絶の

条約勅許の内情をただされる

方策を確立することを要望されたのであった。またこれについで同月十八日には、この勅許の御沙汰を意外とせられるあまり、嗣子をして定功に対して条約勅許の内情を問合わせしめられたのであった。その書中には条約の勅許は不審のことであるとして、「左様の御事を御所よりゆるされ候御答はあらせられまじくと思しめし候へ共、何ぞ〳〵御次第柄により何ケ年の間はゆるされ候故、其の間に戦争の御手はこびに成り候様とか何とか御沙たのあらせられ候御事やと思しめし候、たゞ〳〵限りなくゆるされ候と申す御わけがらにはあらせられず哉と申し上げ居りまいらせ候」（『静寛院宮御消息』）と述べられているが、このように条約勅許をもって、戦備を整えるまでの便宜の措置であろうと考えられていることは、和宮とその側近にとって、この勅許の御沙汰がいかに理解しにくいものであったかを物語るものであろう。しかしこの月二十四日定功より、この御沙汰は幕府および諸藩より開戦ともなれば敗北は必至で、外国の属領ともなりかねない情勢であると言上したため、止むをえず決定されたものであると、朝議決定に至るまでの経緯が伝えられると、和宮以下のこのような希望的判断はもろくも崩壊せざるをえなかったのである。そしてこのような思いもよらぬ事態に当面した和宮およびその側近の胸中には、憤りと失望を交えた複雑な感情の立ちさわぐのもまた止むをえぬことであった。いまに至って条約を勅許し、外国との和親を図るということであれば、朝廷において年来諸社に攘夷の祈願をこめられたのは一体何のためであったのか、和宮の降嫁も元来公武一和の力によって武備を充実させ、攘夷の成功を期するためではなかったのか、しかるにいまに及んで幕府・諸藩が一致して、敗戦必至のため条約勅許を請うというに至っては、和宮降嫁の意義は全く失われ、和宮の立場も国家の威信もともに立つ道がないではないかと慨歎の思いの禁じがたいものがあった

（宮内庁書陵部蔵）

のである。この後十一月十一日嗣子は定功に一書を送ってこの問題についての所信を披攊(ひれき)したが、その書中には、「何分皇国の御威光急度(きっと)諸神の御加護もあらせられ候半(わん)、どふぞ〳〵と御蔭ながら御きばりあそばしおらせられ候処、(中略)何共〳〵御残念思しめしよらぬ御次第と、深々驚き思しめし恐れ入られ候」(同上)と和宮の失望・落胆の様子を伝え、また上に述べたような慨歎の思いを切々として訴えるとともに、次のような和宮の心境を伝えて朝廷の善処を要望したのである。すなわち、

『静寛院宮御文通留』慶応元年11月11日野宮定功宛

攘夷一途の心境

たとへ此度は御拠(よんどころ)なくしばしの処条約ゆるされ候共、何卒年来の御苦労さ

まにて諸神へも御祈願こめられ候思しめし通り、攘夷に成り候様御押切にて仰せ立てられ候様ならでは御威光も立てられず哉と、御女儀さまの御事故唯々其辺御一筋に思しめし恐れ入りまいらせられ候。当時御由緒の辺をおぼしめされ、自然和宮さまへ御しんしやくなどにて、年来の思しめし立てられず、却て御縁ぐみ故に御取扱遊ばされがたく候ては、御代々様方・当今様え対せられ、和宮さまふかく〳〵恐れ入りまいらせられ候との御事。

縁組の意義失われんとす

と、攘夷一途に思いつめ、攘夷のための縁組でありながら、この縁組の故にかえって攘夷の思召の貫徹が妨げられているのではないかとまで思いなやまれている有様を伝えた上、このような和宮の心情を汲みとり、公武一和して攘夷の運びになるならば、縁組の甲斐もあることであると説き、攘夷の朝議が決定されるように切望したのであった。しかしこのような和宮およびその側近の切願は、滔々たる政治情勢の進展の中にあっては全く顧みられるところとはならなかった。かくて攘夷の達成のために、天皇の思召のままに徳川氏に嫁せられた和宮の立場は、条約の勅許という事態の発生によって、幕府の外交方針との対立を明確にするとともに、朝廷の方針とも相違を生ずることとなり、和宮とその側近は深刻な不安につつまれることになったのである。

慶喜に攘夷政策の遵守を求めらる

この後慶応二年に入って、和宮は上述のように兄天皇と夫家茂に死別されることとなった。同年十月家茂の死後、和宮は徳川宗家を継承した慶喜に対して、攘夷政策の継承・遵守を求め、また外人の江戸市中往来と邦人の洋風模倣を禁止することを求められた。蓋しこれは家茂より

徳川慶喜像

慶喜の返答を催促さる

慶喜への代替りに当って、和宮の攘夷に対する使命と思召を新将軍に確認させようとされたものであった。またこの後十二月にも再び慶喜に書翰を送り、天璋院に対する奉養および御所風の遵守などの要望を伝えられるとともに、先般の三ヵ条の申し入れの趣旨にそって忠勤を励むように要望せられた。しかしこれらの申し入れに対して、慶喜より回答はなく、また兵庫開港の風聞もあったので、はなはだ不安に思われたものであろうか、翌三年三月十九日さらに慶喜に書翰を送って、「京都にも御代替にあらせられ候かた〳〵猶更征夷の御職掌を専一に御取計、御かん考遊ばし、決して王城近海へ異人近寄り候事などこれなき様御精勤御励み、猶老中初役々もよく〳〵御かん考にて精勤を励み候様」（『御側日記』）と依頼され、併せて昨年来申し入れの三ヵ条に対する返答の提出を催促された。しかし当時慶喜はすでに兵庫開港を決意し、同月五日その勅許をも奏請しているほどであったから、和宮の要請に対して返答することは到底できなかった。この後五月二十七

兵庫開港

日和宮は慶喜が返書を差し出さないのを心外とせられ、来月中旬までに必ず自筆の答書を差し出すよう催促されたが、これより先二十四日にはすでに兵庫開港が勅許されていたのであった。この勅許は慶喜の強い要請と佐幕派公卿の斡旋によるところが多かったが、倒幕派の勢力の著しく増大したこの時に当り、幕府の奏請をいれて勅許を見たことは、時勢がすでに鎖国攘夷の行なうべからざることを認め、開国和親の方策を必要としたことを示すものであった。しかし和宮にとっては、このような外交政策の転換、ひいては鎖国攘夷の国是の変更は容易に諒解しがたいことであり、攘夷一途(いちず)に思いつめられてきた信念を強く動揺させるものであった。

時勢に対する失望と不安

和宮が兵庫開港の知らせを受けられたのは六月二日のことであったが、この報を得て和宮は今後時勢はいかなる方向に進んでいくのか、これまでの攘夷の方針は全く捨て去られることになったのであろうかと不安の念にかられざるをえなかった。この六月二日の『御側日記』には「段々か様の次第に成り行き候ては行末の処御不安心、深く畏り入り思召候よし」云々と和宮の不安と憂慮を伝えているが、この後六日和宮は当時の時勢をどのように理解したらよいのか思いなやまれ、橋本実麗に依頼して摂政二条斉敬の所見を徴せられたのであった。このような時勢に対する不安の念はひとり和宮だけでなく、御附の庭田嗣子もまた同様に抱くところであった。嗣子はこの月四日実麗に一書を送って、「何分にも当時勢何と心得候てよろしく哉」と尋ね、辱知の鷹司政通や二条斉敬などの見解を聞かせてほしいと依頼しているのである。しかし嗣子はこのように時勢に対して不安をもつ一方、攘夷政策の転換は為政者の無定見・無気力によるものであるとして、憤慨の念も抑えがたいものがあった。同月六日の『御側日記』によると、嗣子は老女の一人に対して、兵庫開港のことは先帝の固くとどめられたことであるにもかかわらず、当将軍よりその勅許を願ったことは実に不審なことであり、また恐れいることであるといい、さらに和宮の立場について、「御女儀さまの御

天下のため女儀の道を破らる

政事彼是（かれこれ）は御よろしからずながら、異国の事に付ては天下国家の御為に御女儀の御道も御やぶりあそばし候程の事故、此一件は急度（きっと）御約定通りに成り申さずては誠に恐れ入り候」と強い憤懣（ふんまん）を述べているのである。時勢の変転といえばそれまでのことでもあろうが、攘夷という政略の遂行のために有栖川宮との婚約をも破棄せざるをえなかった和宮の立場としては、時勢の変転というだけですまされることではなかった。「御女儀の御道も御やぶりあそばし候程の事」との一句は痛切なひびきをもって人の心に迫るものがある。しかしながら時勢も政策も非情であって、この和宮の犠牲に報い、慨歎に答えようとはしなかったのである。

使命感の喪失

このようにして時勢はすでに和宮降嫁当時の文久二年とは大いに相違し、結婚の目的であった鎖国攘夷の実行は全く不可能となり、公武合体の施政もまた望みうべくもなかった。しかも夫家茂の死去に加えて兄天皇も崩御されては、時移り人は去って、結婚の意義も全く空しくなったことをさとられざるをえず、やがて和宮の胸中にも時勢にとり残され、使命感を喪失した虚しさが次第に広がってきたことと察せられる。かくて家茂の死後間もなく内議されていた京都帰住の議が、緊要な課題としてあらわれるのである。

三　帰京の議

帰京の議起こる

和宮の京都帰住のことが初めて和宮とその側近の人々の考慮に上ったのは、家茂の死後間もない慶応二年八月のころであったかと思われる。『御側日記』によると、この月十八日庭田嗣子は和宮の帰京を願い出ることの可否を橋本実麗（さねあきら）に問い合わせたところ、これに対して実麗はこの時期に上京をお願いになることは適当ではないと返答したことが見えている。時にいまだ家茂の葬儀以前のことであってみれば、実麗が時期尚早（しょうそう）というのも当然のことであった。しかし補佐役として御附を命ぜられた嗣子としては、寡婦（かふ）となられた和宮の進退は、その縁組の経緯

憂悶の日々

に徴して当然考慮しなければならぬことであった。しかもこのごろ大奥の人気はなんとなく不明朗なものがあり、和宮自身も鬱々として思いなやまれる日が続いていたのである。例えば『御側日記』にはこの年八月より九月にかけて、「大奥もやく〳〵の事」、「大奥人気穏(おだやか)ならず、御心配さま」、「宮さま此ごろ夜分御もや〳〵思しめし候御事」などの記事があり、これに関連して嗣子が種々お諫めし、さらに嗣子より橋本実麗・実梁(さねやな)父子に対して諫言を依頼したことも見えているのである。このような和宮の鬱々とした悩みを見るにつけて、嗣子としては帰京のことを早々に協議する必要を痛感したものであろう。

帰京を望まれず

では和宮自身は帰京について、どのように考えておられたかといえば、この時期ではまだ上京を望んではおられなかったのである。そのことは翌三年四月二十八日嗣子より実麗に送った書翰に、「去(さ)りながら昨年昭徳院（家茂）さま御他界のせつ宮さま（和宮）の思しめしもとくと伺ひ候処、はる〴〵成らせられ候上は、たとへ昭徳院さま御他界に相成り候共、徳川家の御為且は初より御趣意の通り天下万民の御為に相成り候事に候はゞ決して御上洛の思しめしはあらせられずとの御事」（『静寛院宮御消息』）とあることによって明らかである。蓋し新将軍慶喜の施策に期待されるところがあったためであろうか。

岩倉具視、和宮の帰京を論ず

かくて帰京の問題は後日に繰り延べられることとなったが、このころ洛外（らくがい）岩倉村に幽居中ながら盛んに王政復古運動の画策に努めていた岩倉具視もまた和宮の帰京を考慮していた。すなわち具視は家茂の死去により降嫁の意図が全く水泡に帰してしまったことを認め、この上は御兄妹の情誼を保ち、先皇の霊を慰められるため、叡慮をもって和宮の薙髪（ちはつ）をとどめ、すみやかに帰京せしめらるべきであると説き、さらにこのことは「独り和宮の心中を推察するのみならず、一朝事変あるときは大に関心する所あり、速に之を行はんことを願ふのみ」（『岩倉公実記』）と、その緊要なことを論じたのである。具視がこのように和宮の帰京のことに留意するのは、降嫁のことに参画（さんかく）した一人として当然のことといえるが、これを緊要の時務策として説いた意図は、今後起こりうべき朝幕関係の破局に備えて、和宮の一身の安全を図り、また幕府の和宮を利用することを防止しようとするにあったものと考えられる。越えて慶応三年正月に至り、先年来朝譴(ちょうけん)を受けていた王政復古派の朝臣が多数赦免せられてその勢力を挽回すると、帰京問題もやがて朝廷内において内議されることになった。

朝廷における帰京の内議

すなわちこの年三月二十四日、さきに謹慎を解かれて廟堂に復帰した中山忠能は実麗に対して、もし天皇(明治天皇)より和宮に上京のお勧めがある場合には、これを固辞せず、直ちに承諾されるように予(あらかじ)め和宮と打ち合わせておいてほしいという内意を告げている。これは恐らく上述の具視の意見に基づくものと思われるが、この忠能の内意に接して、

嗣子、帰京の実現に努む

嗣子は再び帰京の実現に努めることになり、四月二十八日実麗に返書を送って尽力を懇請することとなった。その趣旨は、「外国人が江戸市中に跋扈(ばっこ)する現下の形勢では、攘夷の叡慮は全く無視されたに等しく、かくては和宮の威徳のみならず、天皇の御威光に

もかかわるものというべきである。このような形勢のままでは和宮が江戸に居住されることも困難であり、これをそのままに放置しておくことは先々帝・先帝並びに当今に対しても恐れいる次第である。尤も昨年家茂死去の後、和宮の意向を尋ねた際には、江戸にとどまることが徳川家のため、天下万民のためになることであれば、決して上洛は望まないとのお考えであったが、その後現将軍（慶喜）の施政を見ると、和宮の御期待に反して外国人と和親をかさねる方針のように見受けられるので、かかる状態では江戸にとどまって苦労をかさねられても、徳川家のためにはならず、天皇の御威光にもかかわる結果とならざるをえないから、是非々々御帰京の運びとなるように工夫をお願いする。遷延して時期を失い、道中に外人がはびこって御帰京も不可能となるならば、全く申し訳もない次第である」と帰京を望む事情を明らかにするとともに、さらにその発議の方法として、和宮より外人跋扈のことを申し立てられて上京を願うのも一方法であるが、できれば

慶喜の外交方針和宮の期待に反す

帰京を決意せらる

天皇の思召をもって上京をお勧めいただけるならば好都合であると説いたのであった。そして実麗の日記に、この嗣子の書翰に関連して、和宮よりも同様の趣旨の書翰が寄せられたことを記載していることによると、前年八―九月ごろにはなお江戸にとどまられようとしていた和宮も、ここに至って江戸在住の無意味なことをさとられ、ほぼ上京の決心を固められたことが知られるのである。

朝幕間の交渉

一方朝廷においても、五月八日天皇は内旨を摂政二条斉敬に下して和宮の帰京について方策を講ぜしめられ、実麗もまた上述のような和宮および嗣子の書翰に接して、斉敬その他に働きかけを強めたのであった。この結果六月に入って朝廷と幕府との間に内交渉が開始されることとなったが、交渉がはかばかしく進まないため、朝廷では九月に至り、戸田忠至（大和守）に周旋を依頼してその促進を図ったのである。この前後和宮の側近でも帰京の促進に努め、九月中旬には土御門藤子らの侍女が朝廷に対して、とりあえずしばらくの間でも帰京できるよう取計ら

みずから進退を候せらる

いを願ったが、和宮みずからも十月六日大典侍・勾当掌侍に直書を送り、進退について天皇の指図を候せられることとなった。その文面には、縁組の目的であった攘夷の政策は一向実行されないばかりか、現将軍は諸外国との交際を拡大する方針を採用しており、また外人は江戸市中はおろか西ノ丸下にまで入りこんでいる形況であると、昨今の幕府の外交方針と外人の江戸市中居住の形勢を伝えられ、ついでこのような状勢における自己の立場について、次のように述べられている。

和宮の直書

外人徘徊の地には住みえず

本より攘夷の為に下向致し候事に候間私は数ならず候得ども、朝廷御威光にて当地に居り、公武之御為攘夷之一助にも成り候事に候はゞ何国迄も忍び候心得乍、只今之形勢にては其甲斐も無く残念至極に存じ候。ケ様に異人徘徊之所に住居致し候事先々帝様・先帝様えも恐れ入り、私故にかへつて朝威を汚し候やと恐れ入り存じ居り候。（中略）実に容易ならざるの時節、今日にも何様之急変出来候やも計り難く、日々薄氷を踏む心地にて心配のみ致し居り、私一分之事にて無く、朝威にかゝはり候事と日々心配致し居り候。当地の様子筆紙にも尽し難き次第に候間御察し遊ばし戴きたさ、当地より申し出し候事は立ちがたく候間、御用多之御中恐れ入り候得共、段々差つまり候間、何卒御勘考あそばし、急々御返事伺ひたく願ひ候間、御そもじ殿がたより摂政さまへよろしく御申し入れ御願ひ申し候。（書陵部所蔵『静寛院宮御書状』）

すなわち外人跋扈の地に居住することをもって叡慮に反し、また朝威にかかわる大事であるとの考えを明らかにされ、緊迫した情勢に処する対策を勘考し、至急これを指示してほしいと要望されたのである。和宮はこのように直書を宮中の女官に送られるとともに、このごろ上京した御附の命婦能登に託して、この書翰と同趣旨の内旨を実麗に授けられ、善処を求められた。能登が着京してこの内旨を実麗に伝達したのは、実に大政奉還の翌々日に当る十月十六日のことであった。

命婦能登に内旨を託す

かくて和宮の直書および能登に託された内旨を受取った朝廷は、幕府に対して今

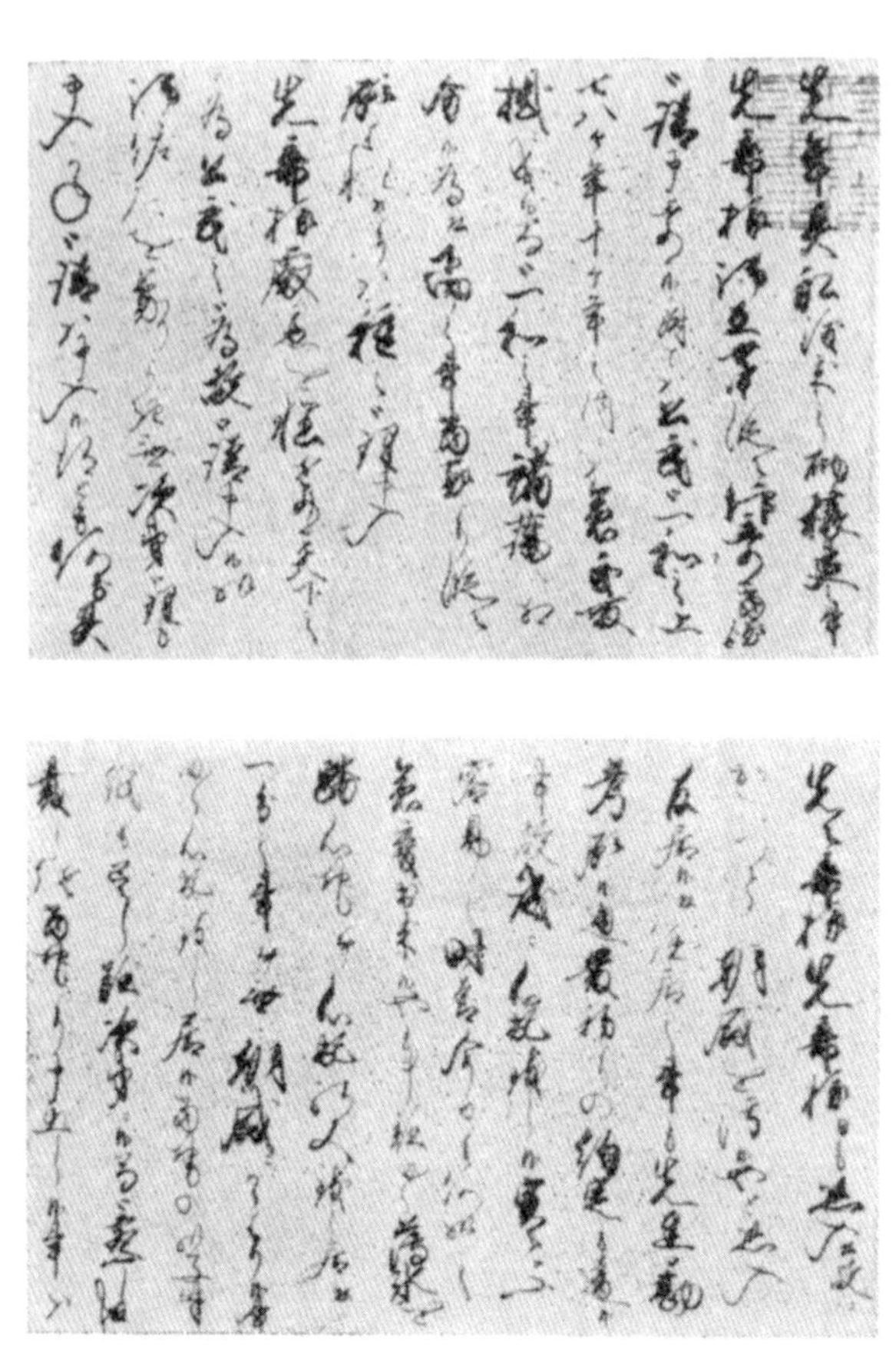

和 宮 の 書 状

慶応3年10月帰京を申請されたもの（宮内庁書陵部蔵）

明年の中に和宮の上洛を実行するように申し入れ、これに対して幕府は同月二十

幕府の承諾

六日上洛のことは承諾したが、その時期については来る午年（明治三年に相当する）の仁孝天皇の御忌まで延期を願う旨を回答したのである。しかしこの幕府の回答は和宮並びにその側近の急迫した心情とはあまりにもかけ離れていたので、実麗よりさらに時期を早めることを摂政に要請した結果、十一月六日に及び、幕府は明年正月中旬をもって一応上京の期とすることを約束するに至ったのである。この後十二月九日、あたかも王政復古の令が発せられた当日、朝廷は和宮を京都に迎えるために近く公卿を江戸に差し立てることを布告し、天皇もまたこの月和宮に内旨を

帰京の布告

賜い、来月上旬上洛するようにお勧めになった。この朝廷の布告には、「和宮御方先年関東え降嫁有らせられ候得共、其後将軍薨去、且先帝攘夷成功之叡願より許され候処、始終奸吏之詐謀に出、御詮なきの上は旁一日も早く御還京促させられ度」（『慶喜公御実紀』）と上洛の趣旨を明示しているが、この上洛をもって「還京」とし

るしていることは注目される点である。しかし天皇の内旨には、和宮の進退について

天皇、帰京を勧めらる

いては先帝御在世中より種々考慮されてきたことではあるが、「何事も過ぎ去り候御事を彼是仰せ出され候も詮なき御事故何事も御沙汰あらせられず」として、その進退について触れることを避け、ただ縁組の時の約束である御陵参拝の素志を果すことと、天皇も一度対面を望まれていることを理由として、是非上京することを勧められ、なお上京後は都合次第江戸に帰府するつもりであることを幕府側に諭すように望まれているのである。従って天皇の内旨は単に一時の上京をお勧めになったに過ぎぬように見受けられ、布告の趣旨とは相違するのであるが、これは和宮の立場を考慮し、なるべく穏便に事を処理することを欲せられたためと察せられる。

和宮身辺の不安増大

このようにして帰京のことは慶応三年の末に及んで実行を待つばかりとなったが、この間同年十月の末には鹿児島藩士らが江戸市中に放火し、その騒ぎに乗じ

朝廷、大久保・勝に和宮の保護を依頼

て和宮を初め輪王寺宮・天璋院を奪い取ろうと計画しているという風評があり、このため和宮の身辺は俄然不穏な空気につつまれ、これに対処するため身辺の警衛も厳重となったが、さらに今後政局の帰趨如何によっては、どのような変事も発生しかねない情勢となった。このような情勢において、朝廷では十二月二十一日非常の場合の和宮の保護と帰京の取計らいを大久保一翁（忠寛）・勝安芳に特命することになった。橋本実麗の日記によると、この日実麗の嗣子実梁は当時帰京していた和宮の侍女玉島にこの特命の内書を授け、和宮御附の医師中山曄（摂津守）より時期を見て、これをそれぞれ本人に手交するように命じたのである。勝安芳の年譜によると、安芳が中山曄よりこの内書の伝達を受けたのは翌年正月二十二日のことであったという。その文面には、「和宮御事、往年天下の為を以て御東下の処、其御旨趣総て画餅になり、已に先帝御遺憾の御沙汰も在らせらるるの次第、方今にいたり実に以て容易ならざる形勢、万一不慮の時変測り難く、今上に於て緩急(かんきゅう)も言ふべからざるの御苦慮在らせられ、其方誠忠の義兼て聞食入られ候間、御守衛、海陸便宜に従ひ御帰京の所置深く頼み思食され候旨仰せ下され候事」(『海舟全集』巻九、随筆)とあり、朝幕間の風雲急にして、朝廷は和宮の保護と帰京の措置を幕府内部の穏和論者に依頼せざるをえなくなったのである。

第五　婚家のために

慶応四年（一八六八）、すなわち明治元年和宮は二十三歳の新年を迎えられた。すでに前年末より京都帰還の議が熟していたこととて、和宮の心も恐らく江戸の地をなかば離れていたことと察せられるのであるが、政局の急転は徳川氏を朝敵の立場に追いこみ、ここに和宮は図らずも婚家の存亡を一身に担われることとなった。かつては公武合体政策の犠牲として徳川氏に嫁せられた身にとっては、それはまことに皮肉な運命のめぐりあわせであった。

鳥羽伏見の戦

この年正月三日の夕方に戦端を開いた鳥羽伏見の戦は結局幕軍の敗北となり、朝廷はかねて討幕の挙兵を準備していた薩・長二藩などに擁せられて遂に追討令を発し、徳川氏を討つこととなった。ここに前将軍慶喜は六日夜大坂より倉皇として海路東走し、十二日江戸に帰著して急遽善後措置を講ずることになったのである。

江戸の主戦論

時に幕臣一同は大政奉還後の政情に対してはげしい憤懣の念を抱いていたが、いま鳥羽伏見の敗報を聞き、慶喜が賊名を負うて帰府したのを見ると、これは全く薩・長など討幕派の奸策にかかったものであると思いこみ、悲憤慷慨の極に達した。かくて幕臣の人気はほとんどみな主戦論に傾き、箱根・笛吹（山梨県東八代郡）に出兵して官軍を邀撃すべしと説くものもあれば、軍艦をもって一挙大坂を衝くべしというものがあり、あるいは輪王寺宮（公現親王、後の北白川宮能久親王）を奉じて官軍に対抗すべしと主張し、さらに外債を起こしてフランスより軍資を調達し、あるいはその軍事援助を乞うことを策するものもあるという有様であった。ために江戸城中は議論沸騰して騒然たる様相を呈したが、これに加えて江戸市中には流言蜚語が溢れ、檄文・投文の類も所在に撒布せられたため、一般民心もまた騒然として興奮につつまれることとなった。

慶喜の恭順

しかるに慶喜はすでに大坂脱出の当時から恭順を決意し

ていたといわれ、江戸に帰着後もひたすら恭順の態度をとって、主戦論には一切耳をかそうとはしなかった。仏国公使レオン＝ロッシュが慶喜に再挙を慫慂し、援助を申し入れたのもこの際のことであるが、慶喜が国体の相違を理由として、その申し出を謝絶したことは有名な話である。このように慶喜はあくまでも恭順の態度をくずそうとはしなかったが、他面朝敵の名を受けるに至ったのは、全く薩・長両藩を主軸とする討幕派の計略に乗ぜられたためであると推量し、朝廷に対して鳥羽伏見開戦の経緯を釈明して、窮状を打開しようと欲したのであった。

当時この慶喜の弁疏を朝廷に取次いだものには前越前藩主の松平慶永をはじめ数諸侯があったが、和宮こそは徳川家の救解を朝廷に周旋することのできる最も有力な人物であった。すなわち先帝の妹宮として今上天皇に最も近い血縁の皇族であり、前将軍家茂の寡婦として徳川家の主要家族である和宮こそ徳川家の救解運動にとって、二人とない人物とされたのである。慶喜が正月十七日慶永に対して朝廷への陳情を依頼した書翰の中にも、「殊に静寛院宮様にも深く御心配在らせられ候儀に付」とあるが、後述のように、去る十五日和宮に面会を許されたばかりの慶喜が、早速このようにその思召をかりて周旋を依頼していることは、和宮の利用価値を認め、その尽力に最も期待を寄せていたことを示すものといえよう。

慶喜、和宮に期待す

先年和宮より寄せられた攘夷の要望に対しては返書も差し出さなかった慶喜ではあったが、いまや和宮の力にすがって、自己の弁疏（べんそ）を果さなければならなかったのである。他方朝廷においても和宮の存在は最も考慮を払わなければならぬところであった。

朝廷、和宮の保護に苦慮す

朝廷では上述のように勝安芳らに対して、和宮の保護を依頼したのであったが、この後二月十五日征討大総督（熾仁親王）の京都進発に際しても、慶喜が軍門に来て謝罪を申し出た場合には、まず和宮の身柄（みがら）の引渡しを受けた後でその交渉に応ずべしと訓令したのであった。このように和宮の安全を保つことは朝廷の苦慮するところであったが、このことは逆に幕府にとっては対朝廷工作の

勝安芳のかけひき

重要な極め手の一つであると考えられた。山岡鉄太郎が駿府の大総督府に赴いた際に、勝安芳が鉄太郎に託して西郷隆盛に送った書翰の中にも、「後宮之尊位（和宮をさす）、一朝此不測之変に到らば、頑民無頼の徒、何等之大変牆内に発すべき哉。日夜焦慮す、恭順之道是より破ると雖も、如何せむ、其統御之道無きを。唯軍門参謀諸君、能く其情実を詳にし、其条理を正されんことを」（『海舟全集』巻九、海舟日記）と和宮の一身に言及し、これによって徳川氏処分について朝廷側の考慮を喚起しようと努めている。ついで三月十三日芝高輪の鹿児島藩邸で行なわれた隆盛との会談においても安芳は再び和宮の進退についてふれ、「一朝不測之変を生ぜば、如何ぞ其御無事を保たしめ奉らん哉。此事易きに似て、其実は甚だ難し。君等熟慮して其策を定められむには、我が輩もまた宜敷焦思して其当否を慮らむ歟。戦と不戦と興と廃とに到りて、今日述る処にあらず。乞ふ明日を以て決せむとす」（同上）と論じて和平条件の討議に入ることをあえて避けたのであった。この日の会談については、後年の安芳の談話によると、安芳は最初に和宮の保護について内旨を受けていることを隆盛に伝え、「和宮の事は定めし貴君も御承知であらうが、拙者も一旦御引受け申した上は決して別条のあるやうな事は致さぬ。皇女一人を人質に取り奉るといふ如き卑劣な根性は微塵(みじん)も御座らぬ。此の段何卒御安心下されい」(『海舟全集』巻十、清譚と逸話)と述べたと伝えられている。安芳の真意はもとより和宮を人質とするものではないにしても、和宮の存在に言及すること自体が、隆盛をはじめ官軍首脳に対する圧力となることを充分計算しての言動であったことは容易に推察できよう。かくて和宮は好むと好まざるとにかかわらず、徳川家処分をめぐる朝幕交渉の渦中に引き入れられざるをえなかったのである。

しかもこの際和宮に対する幕臣らの感情は必ずしも信頼にみちたものではなく、期待と疑惑の相半ばする複雑・微妙なものであったことは想像にかたくないのである。そして和宮自身にとっても、皇女であるとともに徳川家の一員であるとい

和宮の苦境と覚悟

う境遇は、婚家が天皇の名をもって討伐を受けるという最悪の事態が起こり、危急存亡の関頭に立たされたこの時点においては最も苦しいものがあった。和宮の考えによると、徳川氏と行動をともにすれば朝敵となって不孝の名を受け、徳川氏を捨てれば婚家に対する義理を欠き、不貞の誹りを受けざるをえなかったのである。そして皇女であり、将軍の妻であるという身にとっては、世人の儀表として孝貞両全の行動をとることこそ最も望ましいことではあったが、そのことの不可能な場合の覚悟も定められねばならなかった。しかしながら以上のような難局に立たされながら和宮は、いたずらに朝幕双方の駆けひきのままに動かされることなく、また幕臣の疑念に屈することもなく、ひたすら徳川氏社稷の維持を図るために、常に自主的な判断に立ち、毅然たる態度をもって対処された。それは畢竟するに、事態に対する明察と、事理に徹した見識と、名分を尚ぶ倫理感に基づくものであったということができる。

徳川家の救解に着手

さて和宮が徳川家救解のことに当られたのは正月十六日慶喜並びに天璋院の懇請を受けられた時に始まる。これより先十二日慶喜は江戸帰著の当日天璋院に面会して鳥羽伏見開戦の事情を報告したが、和宮には面会を許されなかった。その後十五日に至り天璋院の斡旋によって初めて面会し、大政奉還以後今回の開戦に至るまでの顚末を詳しく説明し、朝敵の名を受けるに至った事情を弁明したのである。

慶喜の懇願

そして翌十六日慶喜は天璋院を介して、退隠の決意と後継者の選定および謝罪のことを朝廷に伝奏されるよう和宮に懇願したのであった。これに対して和宮は、退隠および相続者に関することは公事であるから自分の関与すべき筋ではないとして拒絶され、謝罪の周旋のみを引受けられた。

侍女を上京せしめらる

かくて十七日和宮は天璋院とともに慶喜に面会し、歎願の方法について協議せられた結果、東海道筋を進軍中の鎮撫総督橋本実梁（さねやな）の陣営まで和宮の侍女を使者として差し立てることとされたが、十九日には慶喜の願いによってこれを変更し、京都まで使者を差遣されることになった。和宮の日記によると、和宮は十七日の夜慶喜の認めた歎願書を内見して訂正を命ぜられ、さらに翌十八日にはこの訂正文案も意向に合わなかったものか再び修正せしめられている。このような危急の時期にもかかわらず、聡明の聞こえ高い慶喜の認めた歎願書を断然として修正せしめられたことは、その内容と措辞について、よほど確乎とした意見があり、また周到な配慮をめぐらされたことを物語るものであろう。かくて和宮は正月二十一日上﨟土御門藤子を使者とし、慶喜の歎願書および橋本実麗・実梁父子に宛てられた直書各一通を携帯して西上せしめられた。実麗・実梁の両名に直書を送られたのは、外戚の縁によって周旋を依頼されたものである。実梁に宛てられた直書の一節には次のように認められてあった。

橋本実梁宛の直書

此度之一件は兎も角も、慶喜是れ迄重々不行届の事故、慶喜一身は何様にも仰せ付けられ、何卒家名立ち行き候様幾重にも願ひ度さ、後世迄当家朝敵之

決死の覚悟を以て家名の存続を願わる

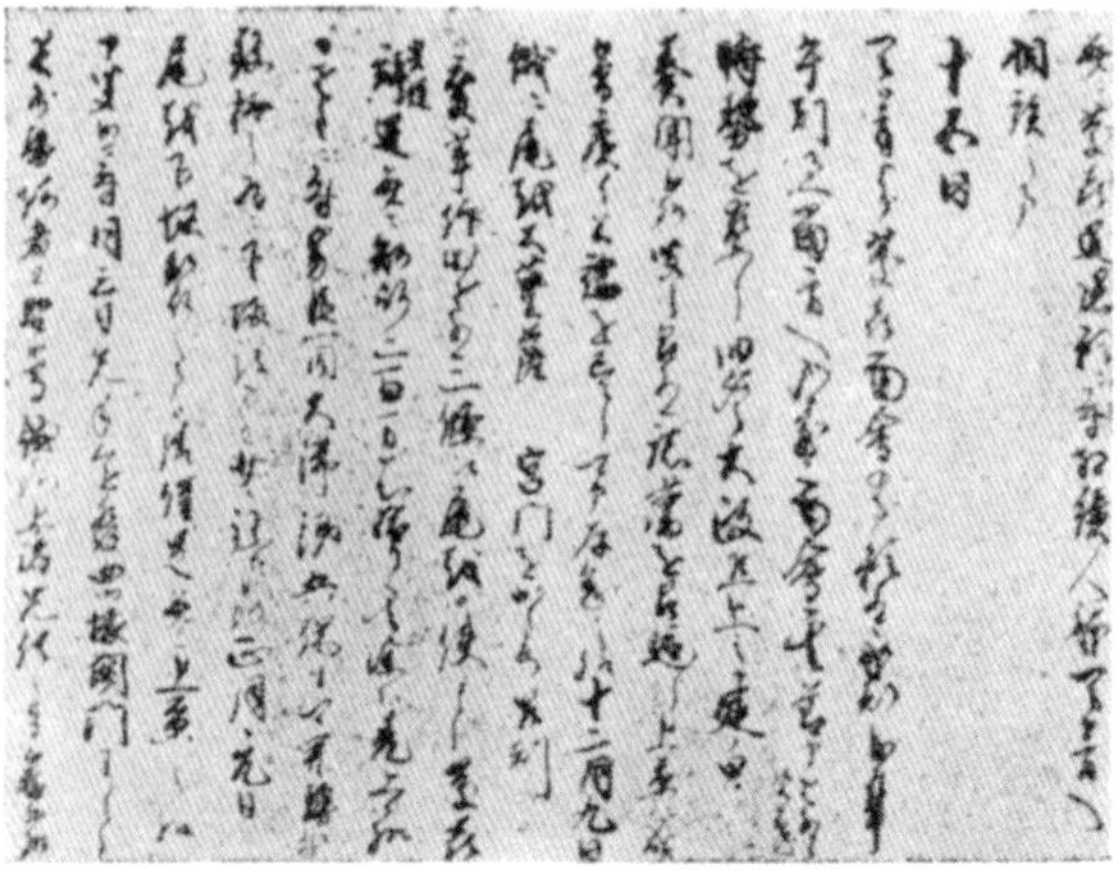

明治元年正月（宮内庁書陵部蔵）

汚名を残し候事、私身に取り候ては実に残念に存じ参らせ候。何卒私への御憐愍（れんびん）と思しめされ、汚名を雪（そそ）ぎ、家名相立ち候様、私身命にかへ願ひ上げまいらせ候。是非々々官軍差向けられ御取りつぶしに相成り候はゞ、私事も当家滅亡を見つゝながらへ居り候も残念に候まゝ、急度（きっと）覚悟致し候所存（しょぞん）に候。私一命は惜しみ申さず候へ共、朝敵と共に身命を捨て候事は朝廷へ恐れ入り候事と誠に心痛致し居り候。心中御憐察有らせられ、

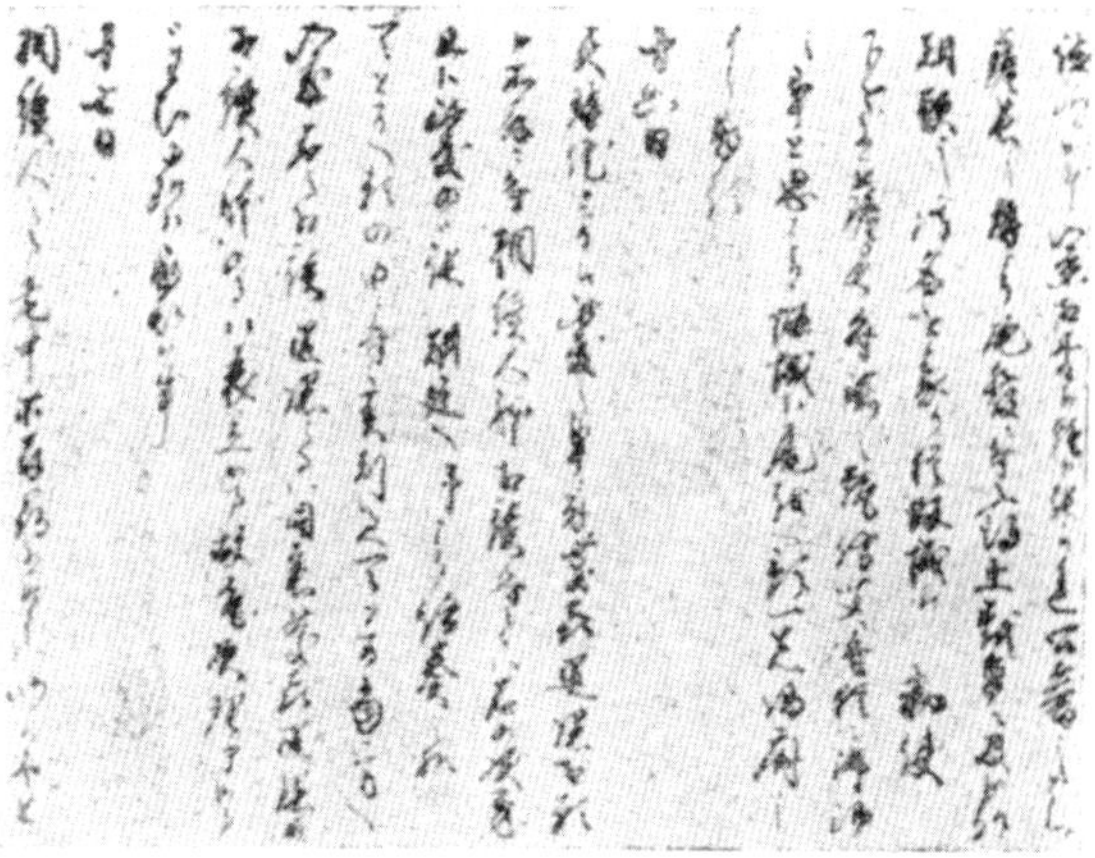

『静寛院宮御日記』

願之通り家名之処御憐愍有らせられ候はゞ、私は申す迄もなく一門家僕之者共深く朝恩を仰ぎ候事と存じまいらせ候。（『静寛院宮御日記』）

この書翰において和宮は慶喜の弁護は一言も述べられず、ただ婚家の朝敵として滅亡するのを坐視するに忍びないとして、「私への御憐愍と思しめされ」て家名の存続を許されるよう願われていることは、和宮にしてはじめていいうることであった。しかも「私事も当家滅亡を見つゝながらへ居り候も残念に候まゝ、急度覚悟致し候所存に候」との一節の如きは、和宮の貞烈（ていれつ）な心底を余すところなく吐露（とろ）されたものということができる。前にも述べたように、朝廷では昨年末勝安芳らに和宮の保護を依頼する内書を侍女玉島に託したのであったが、和宮においてもこのことはすでに承知のことであったと思われる。しかもあえて上掲のような一節を記載されたことは、仮に徳川家滅亡という事態に立ち至るならば、朝廷が和宮の安全のためいかなる方法をとろうとしても、これを固く拒否するという決意を表明されたことにほかならぬものというべきである。

徳川家処分に関する朝廷内の動向

土御門藤子は二月一日、桑名（三重県）に滞陣中の橋本実梁に面会して和宮の直書を手交し、ついで二月六日京都に到着したが、ではこの時朝廷においては徳川家の処分について、どのような動向があったか。副総裁として廟堂の中心人物となっていた岩倉具視は、朝幕間の紛争が長びくとイギリス・フランスなど列強の干渉を招くおそれのあることを洞察（どうさつ）し、もし慶喜が恭順謝罪の誠意を披攊（ひれき）するならば、その処分を寛大にしてすみやかに時局を収拾したいと考えていた。このため具視は正月二十三日松平慶永に対して、慶喜がよく謝罪の実績を示すことになれば、家康以来の徳川家の治績と和宮の縁故とを考慮して、家名の存続を許すこともできようとの意向を洩らしたのであった。これより先、橋本実麗も正月十六日附の書翰で、謝罪の次第によっては徳川家の家名の維持も不可能ではないと和宮に知らせているが、これも具視などの意見によったものと考えられる。しかしながら朝廷の内部がこのような寛典論のみでしめられていたわけではなく、新政府の中心勢力である鹿児島藩の如きはむしろ厳罰を主張していたのであった。たとえば西郷隆盛より大久保利通に宛てた二月二日附の書翰によると、隆盛は「慶喜退隠之歎願、甚だ以て不届千万、是非切腹迄には参り申さず候はでは相済まず、必ず越土（越前・土佐両藩）抔よりも寛論起こり候半歟。然れば静寛院と申しても矢張り賊之一味と成りて、退隠位にて相済み候事と思食され候はゞ致し方なく候に付、断

岩倉具視の寛典論

鹿児島藩の厳罰論

西郷隆盛の意見

然追討在らせられ度事と存じ奉り候」（『大久保利通文書』巻七）と述べ、さらに慶喜退隠などという糊塗手段で結末をつけることは不測の禍根を将来に残すものであるから、この際徹底的に処断すべきであると利通に勧めているのである。

大久保利通の意見

また利通の意見も隆盛と同様に強硬論で、鹿児島藩士蓑田伝兵衛に宛てた二月十六日附の手紙の中で、慶喜が和宮にすがって謝罪の歎願書を提出したことを知らせて、「誠あほらしさ、沙汰之限りに御坐候。反状顕然、朝敵たるを以て親征と迄相決せられ候を、退隠位を以て謝罪などゝ、益愚弄し奉るの甚舗に御坐候。天地容るべからざる之大罪なれば天地之間を退隠して後初めて兵を解かれて然るべし」（同上）と峻厳な処分を主張しているのである。従って和宮の歎願があるにしても、具視らの望むような寛典論が必ずしもそのまま容認せられる形勢ではなかった。しかし朝廷としては、もとより和宮の存在を無視することはできなかった。和宮がみずから徳川家に見切りをつけて帰京されることは朝廷にとって最も望ましいことであったろうが、和宮はあくまで徳川氏と運命をともにすべき決意を明示して、あえて朝廷の意向にそおうとはされなかったのである。このように和宮が儼然(げんぜん)として江戸城内に存在されることは、寛・厳いずれの論者にとっても慎重に考慮しなければならぬ問題であった。正月二十六日朝廷では和宮の歎願のことを知ると、このようなことは書状や使者をもって申し越されても到底無理であるから、みずから上京して直々(じきじき)お願いになるように和宮に連絡させているのも、和宮の安泰を図るとともに、その帰京によって徳川氏処分の自由を確保することを意図したものではなかったかと想像することもできよう。

朝廷、和宮の上京歎願を勧む

このように土御門藤子著京の前後、朝廷内においては徳川氏処分について寛・厳両論が対立していた上、二月十五日をもってまさに東征大総督を進発させようとしていたので、和宮の歎願をいれて徳川氏の処分を決定しうるような時期ではなかった。このため朝廷では藤子の著京後四日目の十日に至って初めてその使命

徳川家存続の朝旨

を徴したが、大総督進発の翌十六日に至り、ようやく「和宮の願意については朝議を尽くさるべし」との回答を与えたに過ぎなかったのである。しかしこの回答とは別に、同日実麗に対して、「此度の事は実に容易ならざる義に御座候へ共、条理明白、謝罪の道も相立ち候上は徳川家血食（けっしょく）（子孫連綿、先祖の祭祀の絶えないこと）の事は厚き思食（おぼしめし）も有らせられ候やにも伺ひ候間、右の所は宮さまよりも厚く御含（おふくめ）有らせられ候様存じ候事」（『静寛院宮御日記』）との口演書を与え、これを和宮に伝達させたのである。これは徳川家処分に関する方針を内々ながら初めて明らかにしたものであった。かくて和宮の歎願によって、恭順の道を尽くすならば、慶喜その人の処分はともかくとして、徳川家の存続することだけは一応の保証を得ることができたのである。藤子はこの内達をもって十八日京都を発し、三十日江戸に帰著したのであった。

これより先、慶喜は藤子の上京の後も恭順の態度をくずさず、朝廷に対する謝罪の執り成しを越前・尾州・土佐・芸州・肥後などの諸藩に依頼していたが、越

慶喜の恭順厳守を求めらる

前藩その他の勧めによって、二月十二日江戸城を出て上野寛永寺の塔頭大慈院において謹慎することとなった。和宮は藤子上京の後、鳥羽伏見の戦の始末を詳しく知られるに及び、少なくとも慶喜一人の罪は免れがたいものとさとられ、徳川家存続のためには慶喜の恭順・謹慎が絶対に必要であると考えられたので、この日輪王寺宮に対して慶喜の監視・守衛を特に依頼せられ、恭順の態度を厳守するよう慶喜に勧説することを依頼せられた。また同日天璋院より慶喜の謝罪歎願書の取次ぎを依頼されたのに対しても、慶喜の謹慎の状況を見届けた上でなければその斡旋は致しがたいとして取次ぎを保留し、専ら謹慎することを求められたのであった。ついで二月二十五日に東征大総督の京都進発の知らせが江戸に到達すると、和宮はこの際こそ慶喜の一挙一動が徳川家の安危存亡にとって最も重要であるとして、慶喜の身辺の警衛を特に厳重にするように命ぜられたのである。

このように和宮は慶喜の恭順を貫徹させるために特に力を注がれたが、官軍主

進退を橋本実梁にはかられる

家名存続の保証を求める

力東下の情報を得られるに及び、みずからの進退についてもいよいよ決心を固められることとなった。すなわち二月二十六日東海道先鋒総督橋本実梁に手書を送られ、徳川家滅亡に立ち至った場合にはいかに進退を定めればよろしいかと、その所見を求められた。その文面には、自分の一身は徳川家の存亡に従う決心であり、家名存続の歎願が聞きいれられず、徳川家断絶となる場合には、「家は亡び、親族危窮を見捨て存命候て、末代迄も不義者と申され候ては、矢はり御父帝様へ不孝」となるから、死を潔くする覚悟である、たとえ上洛の御沙汰を蒙るとも、家名存続の保証を与えられなければ、絶対その御沙汰に従うつもりはないとの凛然たる決意を表明された後、次のように進退を下問されている。

　信義の為一命惜しみ申さず候へ共、全体私下向の事先帝様叡慮を悩まされ候へ共、拠なき次第に付、段々御勧有らせられ下向致し候事故、当今様御代にて拠なき事とは申し乍、私兎も角も成り候はゞ当今様御不義と申し上げ候

義を守れば不孝不悌をさけえず

様にては先帝様へ私不悌の事、且つは此度の一件昭徳院殿（茂家）に候はゞ私いか様に成り候とも当然の事に候へ共、慶喜故に朝敵と共に身命を捨て候ては、御父帝様玉体を御汚し申し上げ候様の事にて不孝の段恐れ入り残念の事に候。孝を立てんと致せば不義に当り、義を致せば不悌に成り、誠に進退いかゞ致しよろしくやと当惑已致し居り候。何れ共後世迄潔き名を残し度候間御差図頼み入り候。

一身の安危存亡を徳川家の運命と共にされようとする決心によって、徳川家に対する不義・不貞の汚名は免れることができても、他面朝敵の名を受け、身を亡ぼすことになれば、父帝に対しては不孝の子となり、兄天皇に対しては不悌の妹となることを苦慮されざるをえなかったのである。ここにおいて義理を重しとし、名分に生きようとされる和宮の苦境を救いうるものは朝廷以外にはなく、和宮の運命は朝廷の徳川氏処分の態度如何にかかることとなったのである。

このようにして官軍の東下により、和宮の立場はいよいよ苦境に追いつめられることとなったが、上述のように二月三十日土御門藤子の帰府によって家名存続の道のあることも確認されたので、この後は徳川家の存続を図るためには、いか

幕臣鎮撫の苦心

にして幕臣の動揺を鎮め、恭順の態度を守り切るかが和宮の最も苦心されるところとなった。時に官軍の先鋒は江戸の周辺に迫り、きっかけさえあれば、忽ち戦闘の突発しかねない有様であった。ここにおいて和宮は官軍と幕軍の衝突により、これまでの恭順の努力が水泡に帰し、徳川家の破滅を招く結果となることを憂慮

東海東山両道総督に要望

され、三月十日再び藤子を橋本実梁のもとに遣わし、人心の鎮撫・安定を図るために徳川家の家臣と雖も帰順するものは宥免（ゆうめん）するという方針を明示することを求められ、翌十一日には侍女玉島を蕨駅の東山道先鋒総督岩倉具定の陣営に急派して、同方面の官軍の進撃をしばらく中止することを請わしめられた。またこのよ

幕臣に恭順を諭さる

うに官軍に働きかけられる一方、幕臣に対しては八日、朝廷の寛典の方針を伝え

て、心得違いのため恭順の態度を破り、寛典の道をみずから閉ざすことのないようにと諭され、十日には山王社に使を遣わして江戸の人心の鎮静を祈願するように命ぜられたのである。このような和宮の努力に対して、実梁は大久保一翁・勝安芳などと大総督府との間に和平の交渉が進んでいることを告げて、人心の鎮撫に一層の尽力を請うとともに、和宮の要望された帰順者宥免の方針を承諾し、具定も大総督府の別命のあるまで進撃を中止し、部下のみだりに幕臣を刺激することのないように取締ることを約したのであった。このように恭順の維持と徹底のため和宮の懸命な努力が続けられている一方、三月九日山岡鉄太郎が駿府に赴いて西郷隆盛と直談判した結果、これまで徳川家処分について具体的条件を明らかにしなかった朝廷は、初めて慶喜の謹慎・江戸開城など七ヵ条の謝罪条件を提示し、ここに慶喜助命と徳川家存続に関する朝廷の意向が概ね明らかとなった。ついで同月十三日・十四日の両日隆盛と安芳の会談が高輪の鹿児島藩邸で行なわれ、

山王社に人心の鎮静を祈らる

西郷・勝の会見

重ねて幕臣の恭順を諭さる

この結果、両者の間に謝罪条件についてほぼ合意を見たので、翌日に予定された江戸総攻撃は回避されたのであった。しかし和宮はなお不測の事変が勃発して、このため講和の成立が妨げられることになってはと心配されるあまり、同月十八日幕臣一同に対して、重ねて恭順を守ることを要請し、「慶喜一身の事を彼是論ぜず、只只神君（家康）以来之御家名相立ち候様心懸け、謹慎相守り候」（『静寛院宮御日記』）ことが徳川家代々に対する真の忠義であると諭達された。またこの際、さきに大総督府と交渉した結果、徳川氏の処分を寛大にし、帰順の家臣を宥免する方針であることを確認したことを伝え、また官軍の暴行が江戸の士民を刺激し、恭順の態度を破らせることのないように部下の取締りを先鋒総督に依頼して確約を得たことも明らかにして、一層軽挙妄動を慎むように誡められたのであった。

徳川氏処分の朝旨伝宣

この後同月二十日朝廷では徳川家の処分を議した結果、西郷・勝会談の内容を骨子として寛大な処分をすることが決定せられ、四月四日橋本実梁・柳原前光の両名が勅使として江戸城に臨み、徳川家処分の朝旨を田安慶頼に伝宣した。すなわちその朝旨の大要は、江戸城の明け渡し、軍艦・銃砲の引き渡しその他若干を条件として徳川家の家名を存し、慶喜の死罪一等を宥めて水戸において謹慎させるというものであった。これに対して慶喜は同月七日朝旨奉戴の請書を上り、十一日早暁江戸を発して水戸に退去した。そしてこの日江戸城は官軍に接収されたが、これに先だって九日、和宮は実成院を伴って江戸城を出で、清水邸に移られた。翌十日天璋院・本寿院もまた一橋邸に退去したのであった。

清水邸に移らる

かくて江戸開城も無事に終わり、徳川家の家名も存続することとなったことは、和宮にとっても満足されるところであった。しかしこの後徳川家の相続者、城地・禄高が容易に決定しなかったので、徳川家一門・家臣を初め江戸の市民はようやく不安と疑懼の念にかられることとなった。この間和宮は閏四月七日橋本実梁に対して、徳川家の継嗣以下の決定を促進するように斡旋を求められるとともに、実梁よりこの問題について意見を求められたのに対して、継嗣としては田安亀之助を推され、また城地・禄高については、十二日あらためて、禄高は家臣の扶持が可能な程度の額を希望し、城地については江戸は二百有余年徳川家霊廟安置の地であって、これを他の土地に移すことは忍びがたいとされ、特に移封のことは宥免されたいとの意向を告げて、実梁にその斡旋を依頼されたのであった。

継嗣・禄高等の希望

亀之助は前にも述べたように、家茂の遺命によってその後嗣と内定されたが、慶喜の相続が行なわれたため、さらに慶喜の相続者に予定されていたのである。和宮が今回の相続問題が起こるに及んで、亀之助を推されたのはもとより家茂の遺志にそうことを欲せられたためであった。実梁が和宮の意見を求めたのは大総督府より朝廷に具申する徳川氏処分案の参考とするためであったと思われる。しかし朝廷では数回にわたる朝議の結果、亀之助を継嗣とすることについてはほぼ意見の一致を見たが、城地・禄高については容易に決定せず、遂に副総裁三条実美（さねとみ）

朝議一決せず

を関東大監察使として江戸に下向させ、これに徳川氏処分の全権を委任し、江戸の情勢に応じて適宜処置させることとしたのである。実美は閏四月二十四日江戸城に入り、大総督以下と処分案を協議した結果、亀之助を相続者とし、駿府（現静岡市）において七十万石を賜わることに決定を見、同月二十九日まず亀之助の相続のことを発表したのであった。

田安亀之助の相続

朝議が亀之助に相続を命じたのは、和宮の希望と徳川家家臣の衆望とを斟酌した結果であった。ついで五月一日亀之助は田安邸より和宮の居所である清水邸に移ったが、このころの和宮の日記に、亀之助養育云々のことが見えており、亀之助をもって家茂あるいは和宮の養子とする考えがあったのかも知れない。なお朝廷が今回相続者の決定のみを発表して、城地・禄高の発表を差し控えたのは、駿河移封・所領削減のことを不満とする幕臣の紛擾の起ることを恐れたためであった。そして大総督府は幕臣の擾乱に備えて軍容整備の上これを発表する予定でいたが、この発表延期はかえって人心の不安動揺をはな

城地・禄高の発表

はだしくする結果となった。しかしたまたま五月十五日彰義隊の挙兵があり、ついでその鎮定を見たので、同月二十四日これを発表したのであった。和宮は禄高については格別の意見もなかったが、さきにも触れたように駿河転封についてはの祖先霊廟の地を移すに忍ばれず、この発表の当日も転封見合わせの歎願を行なうことを田安慶頼に相談せられ、翌二十五日橋本実梁の意見も徴せられたが、実梁より転封のことは聞き届けられる見込みがないと報じたので、遂にこれを断念されたのであった。この後七月十七日江戸は東京と改められ、亀之助も八月九日この東京の地を後にして駿府の新封地に赴いたのであった。

駿河移封中止を願わる

亀之助駿府に移る

第六　京都帰住と東京再住

帰京問題

徳川家の処分は決着したが、和宮にはなお解決しなければならぬものとして、上京に関する問題が残されていた。ここに上京というのは単に京都へ旅行するという単純な意味のことではなく、徳川氏と別居して京都に帰住することを意味するものであった。このような意味での上京問題はさきに述べたように、慶応二年夫家茂死去の後にまず起こり、ついで同三年大政奉還の前後に再度計画されたが、たまたま朝幕関係の破局に遭遇したため実現を見るに至らなかったのである。しかし明治元年五月、徳川氏の処分も終わったので、朝廷ではこの懸案を解決することになり、同月二十七日天皇は勅使として三条実美を和宮のもとに遣わし、上京についての意向を打診せしめられたのであった。

帰京に関する勅旨伝宣

天皇の思召（おぼしめし）は和宮に上京を願

い出ることを促されたものであったが、この思召に接した和宮は、ともかくも帰京したいと切望される反面、徳川家が減知・転封という窮状にある際、上京を願い出ることは義理にそむくことではなかろうかと反省もされ、しばらくの間この両者の相剋に思いなやまれねばならなかった。実美の参邸した翌々日、和宮はこの問題について上﨟土御門藤子をして橋本実梁の意見を徴せしめられているが、藤子の書面によると、和宮は「仁孝天皇の御陵の参拝や今回の処分の御礼のためにも上京をお願いしたい。しかし一身のことはなるべく節約する方針を言い渡してある際に上京を願い出ることは節約の趣旨に相違することとなり、不本意に思う次第である。また仮りに上京をお願いするとしても、その後で徳川家の側より彼れ是れ支障を申し立てたためこれを撤回せざるをえなくなってはかえって残念である。それで今回は一応のところ、徳川家窮乏の際、上京のお願いはいたしかねるとお答えするならば、かたがた当地人心の折り合いもよろしいと思うがどう

橋本実梁に内議

帰京を希望せらる

であろうか。しかし当地の人気は険悪で、今後とも好転する見込みもないので、実は帰京のお願いをしたいのが本心である。ついては自由がましいことではあるが、朝廷より然るべき名目をもって上京を命じていただけるならば、当地人心の折り合いに対してもよろしく、私自身にとっても好都合であるから、できればそのように取計らってほしい」との内心を打ちあけられており、徳川家に対する義理を顧慮されながらも、帰京したいという気持の方が強かったことが知られるのである。しかしこの相談を受けた実梁は、徳川家の駿府移封が終わるまで上京の

実美の意見

猶予を願われることが条理に適うことであろうという実美の意見を参考に供したので、和宮も種々考慮された末、駿府移封が終わり、家臣一同の安堵するのを見

上京猶予を願わる

届けるまでしばらく上京を延期することを決意せられ、六月十四日その趣旨の奉答書を実美に授けられたのであった。このように和宮が強い帰京の願望を抑えて、その延期を決心されるに至った心境については、この奉答書の提出に先だつ同月

十一日に藤子以下の侍女に与えられた諭告書の中に詳しく伝えられている。この書は今春来徳川家救解のために努められてきた次第を述べて上京問題に及び、しばらく隠忍して上京の時期を待つことを諭されたものである。これによると、和宮はまず人たるものは何人も五倫の道を守るべきであるが、わけても天子の血縁であり、国政を委任された武将の妻たる身としては、これを守り、孝貞の道を全うするのが素志であると説かれ、ついで今回上京の御沙汰を受けたが、転封のことを見届けないで上京することは、節義にもとり、天下の誹謗を受けることは必定であって、かくては素志とする孝貞の道も立てがたく、今春来徳川家のために尽くしてきた誠意も貫徹しなくなるので、直ちに上京することはできがたいとの考えを述べられた後、

> 去乍此誠心も当地の人々えは貫徹し兼嫌疑を請け候様子に付、誠に主従薄氷の上に座する場合に付一同深く案労の様子諒察し、臣子の至情実以て感泣に

堪えず候。付ては銘々身の上にもいか様の変事有間敷共言ひ難く候。我一身は節義を守り、仮令非命の死を為す共、不義にして長生ならんよりは遙に潔しと決心の事には候得共、銘々は薄徳の主に仕え、積年の艱難を忍び、其上万に一つも不慮等の事これあり候ては忍びざる次第、不仁・不慈にも当り申すべく候間、節義を捨て、速に上京願ふべしと一度は決定候得共、再三再四熟勘候に、人間些か五十年、長寿とても百歳の生命の為めに千歳迄不義の名を残し候事は実以て残念の事に候間、銘々の心中を察せず、不仁・不義・不慈に当り申すべく哉と其処は深く当惑候得共、聢とせし証もなき事に恐怖し、重き孝貞の道を失ひ候事は成し難く候。

一旦は上京を決意せらる

上京延期の決心

と、節義は重んずべきではあるが、なお薄氷の上に座するような険悪な日々を顧みる時、侍女の身の安全を図るために一旦は上京を決意したが、そのため千年の後まで不義の汚名を残すことはいかにも残念であり、また確証もない流言に恐怖して孝貞の道を失うことはできぬことであると再度反省された次第を明らかにされ、この上は「図(はか)らざる災(わざわい)もあらば是(これ)天の罪する処と覚悟し、運を天に任(まか)し、此場合にての上京暫く御猶予相願ひ候決心」であるとの態度を明示されている。

前述の実梁に示された内意と、この諭告書を合わせ考えると、上京についての和宮の迷いと、遂に延期を決意されるに至った事情が明らかであろう。当時の和宮の苦境については詳細なことはここに触れないが、たとえばこの諭告書に「我一身は節義を守り、仮令(たとい)非命の死を為す共」とか、「銘々身の上にもいか様の変事有間敷(あるまじく)共言ひ難く候」などの句のあるのは、その背後にいかなる事実が存したのであろうか。転封・減知に対する旧幕臣の憤懣(ふんまん)が和宮の身辺にも及んで、険悪な流言蜚語(ひご)を生じたものであろうか、将又(はたまた)なんらかの加害計画でも存したものであろうか、いずれにしても和宮の周辺が不穏な空気に覆われていたことは充分察することができよう。そしてこのような状態の中では、和宮がすみやかな帰京を

後世の名を惜しまる

天皇、上京を勧めらる

欲せられるのも当然のことであった。しかし皇女として、将軍の妻として孝貞の義を守るべきであるという自覚と、「惜しみても惜しむべきは後世の名」（諭告書）であるとする名分を尚ぶ意志の力が、帰京を望む感情を辛うじて抑えたことが知られるのである。それは一面あまりにも名聞にとらわれ過ぎた態度とも考えられるが、その当事者にしてみれば、迷いの中に安逸を捨てて、義理の重きに就くことは蓋し頗る勇気を要することであった。諭告書の文面は侍女を諭されたものではあるが、その実は侍女を諭すことによって、みずからの気持を整理し、志を励ますものであったということもできよう。なおその後二十四日にもほぼ同趣旨の書を侍女に示されているが、今回の書には江戸居住の艱苦については述べられていない。恐らく前回の書は京都より扈従してきた侍女に示されたものであり、今回のものはその他の侍女を諭されたものであろう。このようにして上京願いは一応見合わせることとなったが、和宮の奉答を得られた天皇は、徳川家に対して左程気兼ねをする必要もないとのお考えから、ともかく上京するようにとの思召を橋本実麗・実梁父子をして和宮に内達せしめられた。和宮はこの内報に接して、再び三条実美の意見を徴せられたが、実美は天皇の思召もさることながら、道中の混雑、徳川家窮乏の際であるから、宜しく道中の平穏となる日をまって上京せらるべきであると進言し、和宮もこの意見を諒とせられたのである。思うに天皇が和宮の上京を勧められるのは和宮の立場に対する御同情と義理合いによるものであろうし、和宮が思いのまま上京することを躊躇（ちゅうちょ）されるのも徳川家に対する義理によるものであった。しかも帰京は和宮の内心最も切望されるところであり、徳川家に対する義理に徹しきることのできないのも、これまた当然の人情であった。ここに和宮の苦悩の去来するのを見ることができるのである。

実美の反対

上京の機熟す

かくて和宮は上京の時期については実美の進言に従われることとなったが、その後八月九日をもって徳川氏の移封も終わり、九月十四日実美は参邸して上京の時節の到来したことを告げたのである。時に天皇は同月二十日京都を出発して東京に行幸される予定であったので、和宮は天皇の東京に到着されるのを待って上京の期日その他を定められることとなった。天皇が東京にお着きになったのは十

天皇に対面

月十三日のことであったが、越えて十一月一日和宮は参内して天皇に対面された。当日の和宮の日記には、「辰刻過出門参内、即刻御対面、並に三条面会、上京の事、旬の事（上京時期をいう）、屋敷の事、天御方（天璋院）の事申し述ぶ。上京仰せ出されは朝廷よりの事、屋敷は願の事、右の事共御直にも申し入れ置く。三位卿へも頼み置く。付添堂上の事もはなし置く。亥刻退出帰殿」とあり、この日の参内に際して帰京に関する大体の打ち合わせが行なわれたことが知られる。ついで十二月三日

上京の発表

には来春上洛の御沙汰が発表され、六日には和宮より来年正月下旬に出発のことが願い出された。そしてこの後二十三日和宮は芝増上寺に赴き、家茂を初め代々の廟所および生母観行院の墓所に参詣し、翌年正月十一日には天璋院を訪問して

別れを告げられた。

帰京の途に就かる

さて和宮にとっても、徳川家にとっても苦心を極めた明治元年もようやく過ぎて明治二年となり、この年正月十八日和宮は東京を発って京都へ帰住されることとなった。その日の日記には「雨昼後晴、卯刻出立、巳刻比品河小休ゑ著、錦小路初来る、中将殿(達家)田安見送使来る、午刻比河崎へ著、生麦・金河・程ケ屋・境木等小休、亥刻比戸塚へ著」と淡々としるしてあるのみで、一片の感慨も示されていないが、文久元年東下以来の苦辛にみちた生活より解放されて、故郷へ向われる心情は特に説明するまでもないことであろう。かくて和宮は東海道を西上して二月三日京都に到着し、仮に住居とされた聖護院に入られた(この後明治四年京都御苑下立売門内の朝彦親王の旧邸に移居)。

栄御殿

ちなみに和宮の京都の住居を栄御殿と称するが、これは和宮のお印(調度品その他につけて、所有者を表示する標識の文字)「栄」にちなんで名付けられたものである。

京都に着かれて後、三月四日に至って明春の仁孝天皇二十五回忌まで滞在されることが発表になり、さらに五月十九日には今後引続き京都に居住せられ、家茂の年回の際には東京に赴かれる予定であるとの御沙汰が東京で発表された。元来この上京が京都に帰住することを眼目としたことは、慶応二年以来の経緯に徴して暗黙の中に諒解されていたことであった。しかし和宮自身としてはいざその実行の段階に至ると、徳川家はすでに駿河に移ったとはいえ、東京はなお夫家茂墳墓の地であり、この地を離れて京都に帰り住むことに心苦しさを感ぜられないわけではなかった。前年九月十九日、上京のこともようやく決定したころ、和宮は橋本実麗(さねあきら)に一書を送り、この間の苦衷を打ち明けられている。その書中には、「私住居の

静寛院宮家の印(しるし)
栄御殿の称にちなみ栄の字を分開したもの

所、駿（駿府）は望無く候へ共、一通り道理を以て申せば、一たん徳河家へ嫁し候上は昭徳院殿（家茂）墳墓の地をはなれ候ては心よからざる事、尤も土地をへだて候とも同じ事乍、当家只今の成行の処にて帰京と成り候ては何か不実の様に存じまいらせ候。（中略）去乍八ヶ年の間実に心配已の事共にて再び当地へ住み候半とは聊も存じ申さず候へ共、此処にて此儘帰京と成り候ては大に人きよろしからずと存じ候まゝ」云々とあり、また「京住にては後世人口にもかゝり候様にては残念の事、当地人きも実に皇威立たせられ候御時節に候はゞ自然に復し和らぎ候半。左候はゞとくと見定め再び下向も致し候半乍、実の処は誠に好み申さず」（『静寛院宮御日記』）と告げられているように、夫の墳墓の地である東京を去ることについての現在および後世の批判を受けるようなことがあってはならないと考慮されながらも、

京住についての苦衷

なお江戸城における八ヵ年の生活はまことに辛労多く、堪えがたいものがあり、将来ともこの地の居住は好まれるところでなかった。しかも和宮の世上の義理を

東京に留守居を置かんとす

重しとする気持は、自然の人情のままに自由に行動することを許されなかったのである。このため今回の上京は内実は京都永住を期するものではあったが、なお東京と京都の両地に邸宅を設け、東京には留守居を置き、京都の居住は一時滞在の名分と形式をとることを望まれていたのである。この考えが京都帰着の後も変わらなかったことは、五月二十日三条実美に宛てられた書翰に、「京住に候はゞ誠に安心忝り(かたじけなが)の事には候へ共、徳川家へ対し候てはいかゞと其辺深く心配致しまいらせ候まゝ、仮令(たとい)の様成る事には候へ共、明春御年回済ませられ候後猶(なお)又逗留之様と仰せ出され候様成る御次第に相成り候はゞ猶さら忝りまいらせ候。京住に候とても家茂年回(ねんかい)の節には出来ぬ事には候半乍(そうらわんながら)も下向致し度と存じ候程の事ゆへ、右様相成り候はゞ深くかしこまりまいらせ候」とあることによって明らかである。和宮としてはたとえ別居はしても、それは一時のことであり、徳川氏の一員として、家茂の妻たることは、これを変えようとは欲せられなかったのである。京住（ずまい）の御沙汰の発表は畢竟（ひっきょう）このような和宮の心情を汲んでの措置であった。

京都の生活

かくて京都に帰住された和宮は長年の辛労から解放されて心身共に暢（の）びやかな日々を送り迎えされた。明治三年、帰洛後初度の新年を迎えて、「都の春にあへるかしこさを」と題して詠まれた和歌に、

都の春

いつよりもわきて心の長閑（のどけ）きは　みやこの春にあへばなるらん

の一首が伝えられている。いつごろの歌か年代は推せないが、「みな人は心のどけき春きても、とけぬはむねの氷なりけり」（『実麗卿遺詠』所収）との一首とこれを比較すると、和宮の心にもようやく和（なご）やかな春がよみがえったことが知られよう。この年

父天皇陵に参拝

正月二十五日、父天皇二十五回忌の正辰を前にして、和宮は泉山（せんざん）の山陵に参詣され、多年の志を果された。この日は折あしく曇りがちで、時に細雨もよおしたが、陵前をうるおす雨はかえって和宮の心を慰めるものがあった。この日の和歌に、

ほしあへぬ袂をなをもぬれよとや　折しりがほに降れる春雨

と詠まれている。なお本日の歌を一―二あげると、父君の御生前を偲ぶすべもないわが身を悲しまれて、

思ひ出はなぐさましを夢にだに　ませし世しらぬうき身悲しも

と詠まれ、また父君を慕うお心はやがて亡き生母の思い出につながり、陵前に奉仕する女官の姿を見ては、

たらちめを猶しのぶかなもろともに　つかへし人を見るにつけても

と生母の在りし日を偲ばれているのである。

東京再住

この後和宮は明治七年六月まで京都に居住された。この間二年三月には天皇が、同年十月には皇后がそれぞれ東京に移られ、さらに五年四月には皇太后も東京に移居されたので、和宮もまた同年十月天皇のお勧めによって、東京移住のことを考慮されることとなった。和宮にとっては二度と住むことを欲せられなかった江

戸の地ではあったが、その江戸の地も東京とあらたまり、帝都として数年を経てみれば、世態とともに人情も推移して、事情はおのずから往時と異なるものがあった。そして一旦は別居するとも、終にはなんのわずらいもなく、夫の墳墓の地に住むことができるならば、それは和宮にとって最も望ましいことであった。やがて和宮は天皇のお勧めのままに東京に移居することを決心され、七年六月二十四日京都を発って、七月八日東京に着かれ、かねて居邸として用意されていた麻布市兵衛町の邸に入られた。

和宮はこの邸に居住されること三年有余、歌道・雅楽などの芸道を友とした毎日を送られた。その間天皇の近親として、皇室の殊遇を受けられ、天皇・皇后あるいは皇太后の行幸啓を迎えられることも再三に及んだ。また家茂の未亡人として徳川家一門との親睦・交際には特に配慮し、家達・天璋院などをしばしば自邸に招待され、家達の邸を訪問されることもあった。かくてこのころの和宮の生活

徳川一門との交誼

薨去

は極めて平穏であったということができるが、しかしこの平穏な日常の中にも、時には寂莫とした思いの、ふと胸裏をかすめることもなかったとはいえない。明治九年の和歌に、「対鏡」と題して、「よそほはん心も今は朝かがみ、むかうかひなし誰がためにかは」との一首が伝えられている。亡夫家茂の追憶に時を過ごされることもあったのであろうか。やがて明治十年、徳川氏の存亡をかけ、御自身の生死を賭した戊辰の役もすでに一昔前のこととなったこの年八月、和宮は図らずも脚気を発病、侍医の勧めによって箱根塔の沢へ湯治に赴かれたが、九月二日俄かに衝心の発作が起こり、同地の旅館環翠楼で薨去された。時に御年三十二であった。越えて十三日、宮内省の命により、洋行中の徳川家の当主家達の留守を預かる松平確堂(斉民(なりたみ))を喪主として葬儀が行なわれ、御遺骸は生前の御希望により芝山内の夫君家茂の墓と相並んで葬られた。法号は好誉和順貞恭大姉という。幕末維新の多事の際、政略の犠牲となり、辛労のみ多くして報いられるところのなかった和宮の短い一生はここに終ったのである。

教養の一斑

なお和宮の文芸の教養などについては、これまでほとんど触れなかったので、ここで若干補っておきたい。

学問

まず学問については、格別その講学の次第を示す史料も伝えられていないようであるが、上流女性の教養として歌書・物語の類に親しまれたことは当然のことであろう。その蔵書の一斑を伝えるものとしては、宮内庁書陵部に『静寛院宮蔵書目録』一冊が伝存しており、一七〇部余の書名があげられている。その内容は歌書・物語の古典や歴史・倫理道徳などの和漢の書を初め稗史(はいし)・小説・地誌・字書

和宮の墓(増上寺境内)

実麗『神皇正統記』等を贈る

その他と雑多であるが、その中でいささか注目をひくのは、『神皇正統記』『保建大記』『迪彝篇』『草偃和言』の名が見えていることである。橋本実麗の日記によると、実麗は慶応元年四月、この四部の書と『倭論語』一部を和宮に贈呈したことが見えているので、蔵書目録所載のものは恐らく実麗より贈ったものであろう。『神皇正統記』は説明するまでもなく北畠親房の著で、国体論の経典ともいうべき特質をもった史書であり、『保建大記』は後年水戸の彰考館総裁として『大日本史』の編纂に当り、水戸学の基礎を作ったといわれる栗山潜鋒の著で、厳正な道徳観をもって保元・建久年間の朝権衰退の由来を論じたものである。また『迪彝篇』『草偃和言』はともに道徳の書で、幕末尊王攘夷思想の代表的鼓吹者である水戸の会沢正志斎がその思想の普及を図ったものである。これらの書が和宮の愛読するところとなったか否かは明らかではないが、実麗がこれらの書を贈呈したことは、時代の風潮を見るべきものとして注目されることであろう。次に書道・

書道・歌道

歌道については、幼年の時より有栖川宮の幟仁親王に就いてそれぞれ教を受けられたが、京都帰住の後は、和歌についてはさらに三条西季知に、書道については正親町実徳にそれぞれ添削を受けられている。

『静寛院宮御詠草』

その和歌の詠草としては『静寛院宮御詠草』十四冊が伝えられ、およそ一千七百余首がこれに収められている。

雅楽・謡曲

またこのほかに趣味としては、江戸在城中謡曲の稽古を行なわれたことがあり、さらに明治七年東京へ移居の後は、実麗・実徳および綾小路有長などを相手として、朗詠・箏など雅楽の稽古に励まれた。なお逸事二―三を紹介すると、和宮が洋風を嫌われたことは、蘭方医を好まず、邦人の洋風模倣の禁止を要望されたことにも見られるが、これについてはさらに次のような逸話がある。

家茂の肖像を書改めしめらる

慶応二年九月、家茂の死後、徳川玄同（一橋茂栄）が大坂在陣中の家茂の姿を揮毫して和宮に進呈したところ、その肖像は洋風を模した陣羽織着用の姿であったので、和宮はこれを普通の装束姿に書替えるように依頼されたという。玄同としては、家茂の近影を写した軍装の肖像はいかにも凛々しく好ましいものと考えたのであろうが、和宮としては、異人まがいの略装をした夫君の肖像を見ることは、最も心外とされるところであったのである。また和宮の信心事に対する態度を見るべき逸話として次のようなことが伝えられている。さきに家茂の第三回の上洛に際して、日光滝尾権現を祀られたことをしるしたが、この権現の信心は『御側日記』(慶応元年六月五日条)の記事によると、番頭某が大奥の老女を介して、今般将軍の進発については宮様には日本最初の神で、且つ女神である滝尾権現を御信仰になるならば戦勝は疑いないと進言したことによるものであった。和宮はこの進言に対して、「御信心遊ばし候御事に兎や角はあらせられずながら、其取扱ひの正しき事に候はゞ先々由来書御覧の上」でと返答せしめられ、由来書を御覧になり、さらに観行院・嗣子とも相談の上でその信心を行なわれたのである。このように慎重な態度をとられたのは、和宮がこの権現の由来を全く知っておられなかったので、霊験の評判もさること

滝尾権現の信心

ながら、果して祈願して然るべき神なりや否や、その正体について知ることを求められたためと思われる。信心事には霊験著しいと聞くとその神仏の正体如何を考えることもなく、忽ち盲信するという事例が少なくないが、和宮のこの措置は何事によらず周到慎重な性格とともに、信仰についての心がけを示すものであろう。なお和宮の信心に関する用意をうかがえるものとして、いま一つの挿話が伝えられている。さきにも触れた通り和宮には懐胎の様子がないため、慶応元年六月、家茂の生母実成院ははなはだ残念に思い、この上は神仏に懐妊を祈願したいと考え、祈禱のことを願い出たのであった。しかし和宮はこの願い出に対して、家茂の留守中かかる祈禱を行なうことは慎しむべきことであり、また懐胎祈禱の如きことは自然の理法にもとる無理なことであるとして、その願い出を婉曲（えんきょく）に謝絶されたのであった。『御側日記』にはこの和宮の思召について、「是は自然の御事故余り御無理の御事致し候て、御けがなど出来られ候ては却（かえっ）て御双方さまの御

懐妊の祈禱を謝絶

為にも成られず、其うへ御留主の御事、別して容易ならぬ御時節故、只今其場合にもあらせられまじく哉にも存じ上げ候故、御帰府もあらせられ候て御静謐の上申し出し候半、あしからず聞取り申され候様少進（乳人藤のこと）より程よく返とう」（慶応元年六月八日条）と記載されている。懐妊を望み、あるいは誕生する子が男子であることを願って祈禱を行なうことは、古来社会の各層にわたって行なわれてきたことであったが、和宮はこれをもって自然の理に背く無理な願いであるとされたのである。神仏の冥々の加護は深くこれを祈願されたが、自然の法を枉げることを神仏に求められはしなかったのである。将軍世子の誕生を望むあまり、生類憐みの令を下して犬を保護したという五代将軍綱吉とは本質的に異なる理性的な立場をここに認めることができよう。ちなみに和宮の日記には、明治元年より五年に至る自筆本五冊がいま宮内庁書陵部に伝存している。

終わりに和宮側近に仕えた女官・侍女の主なものについて、その略歴を附記しておく。

庭田嗣子

まず庭田嗣子（一八二〇〜一八六七）は権大納言庭田重能の女、仁孝天皇の天保五年（一八三四）宮中に出仕し、ついで典侍となり、宰相典侍と称した。万延元年十月和宮降嫁のこ

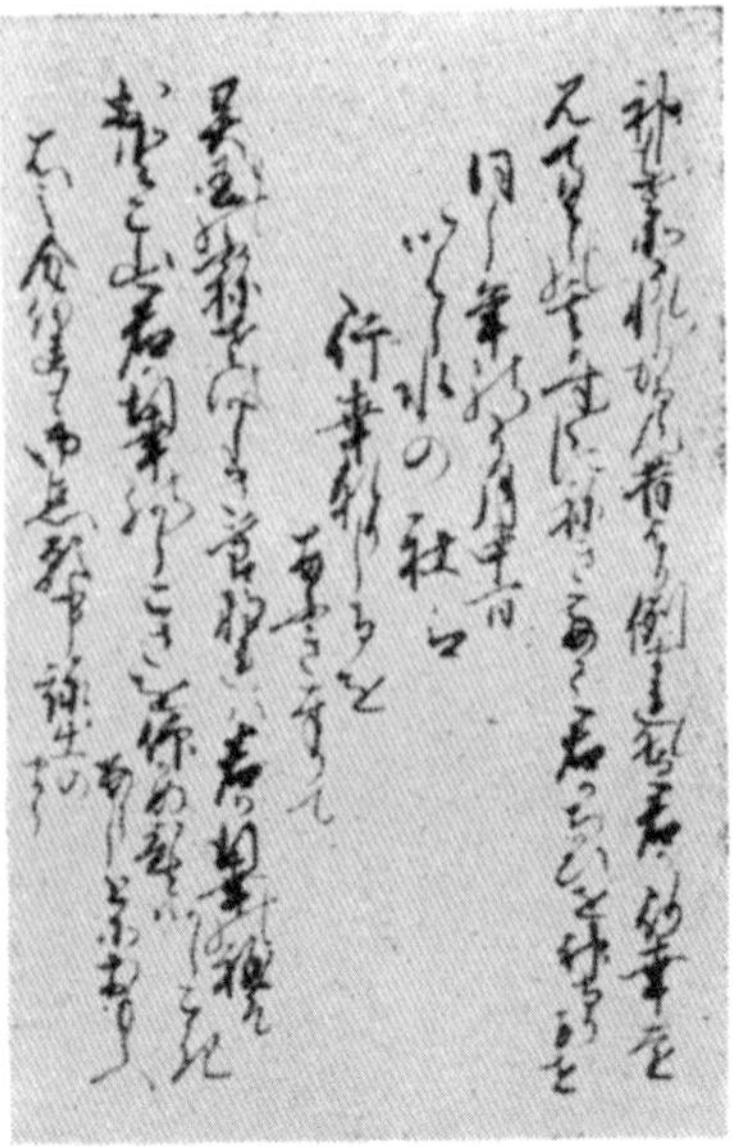

庭田嗣子の筆蹟
（宮内庁書陵部蔵『庭田嗣子詠草』）

神もさぞうれしかるらん昔より例まれなる君が行幸を　みてぐらの其かず〳〵にねぎこめて君がちかひを神守りませ
同じ年のう月中一日いはし水の社え
行幸なりし事をあふぎ奉りて
異国のふねさはがしき節なれば君が行幸の程ぞかしこき
おとこ山君が行幸のかしこさを仰がぬひとはあらじとぞおもふ
右之分何れも御点願不ㇾ申詠出のまゝ

とが定まると特旨をもって御附を命ぜられた。爾後側近にあって輔導に努め、和宮と辛苦をともにしたが、慶応三年十一月京都帰住の実現のために尽瘁中、病を得て死去した。その記録した御側日記や京都と往復の消息などによると、時局に対しても一廉の見識をもつ傑出した女性であったことが知られる。死去に先だって位階を昇叙されたが、その口宣案には、「親子内親王東行以来数年補佐し、殊に近年容易ならざる時勢の処、厚く心配尽力の儀、抜群の精勤により推叙せらる」（『嵯峨実愛日記』）とその輔導の功労を称えている。

その他の侍女

つぎに命婦鴨脚克子（一八一六―八三）は賀茂の社家の出身で、仁孝天皇の時出仕して女蔵人（下級の女官）となり、能登と称した。ついで命婦となり、嗣子とともに和宮の御附を命ぜられ、随従して江戸に下向したが、慶応三年九月御附を免ぜられて京都に帰った。嗣子・克子は宮中より附添を命ぜられた御附女官であるが、このほか和宮の侍女としては、まず上臈土御門藤子（一八七五歿）があげられる。藤子は陰陽頭土御門晴親の女で、邦子・澄姫と称する。万延元年十二月上臈として和宮に仕え、江戸に随従下向した。嗣子の歿後は側近の筆頭としてよく和宮を助け、殊に明治元年には和宮の使者として活躍したことはすでに述べた通りである。その日記に徳川家の寛典歎願のため上洛した際の記録が伝えられている。なお藤子のほかの侍女としては、上臈綾小路幹子（従三位綾小路俊賢女、一八四五―一九一六、後に久松定法に嫁す）・同白川類子（神祇伯白川資敬女、一八七七歿、後に大原重実に嫁す）・同中山栄子（中山忠能女、一八四八―一九二七）・乳人藤（田中氏、後に少進と改称、又年寄となり、絵島と改称、一八〇九―八七）・年寄玉島（山根氏、一八二〇―一九〇五）・若年寄初島（岡本氏、一八四二―一九一六）その他があげられ、玉島については明治元年三月より六月に至る日記が伝えられている。

皇室略系図

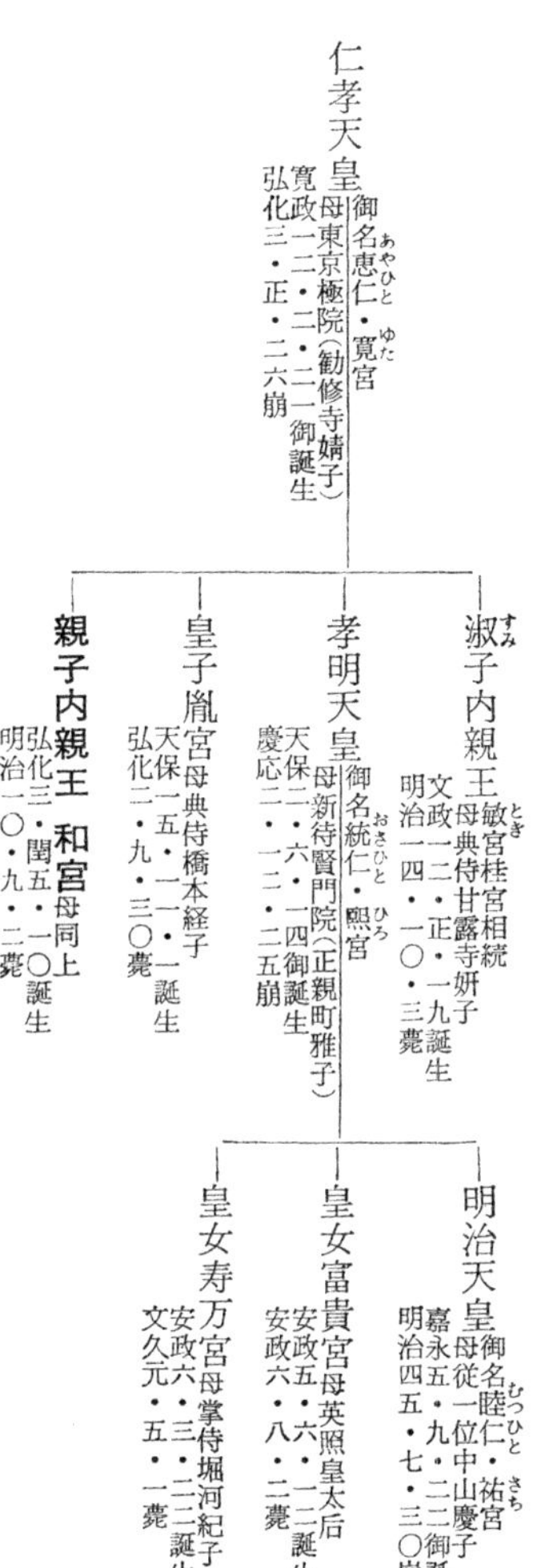

仁孝天皇 御名恵仁(あやひと)・寛(ゆた)宮
母東京極院(勧修寺婧子)
寛政一二・二・二一御誕生
弘化三・正・二六崩
淑(すみ)子内親王 敏(とき)宮 桂宮相続
母典侍甘露寺妍子
文政一二・正・一九誕生
明治一四・一〇・三薨
孝明天皇 御名統仁(おさひと)・熙(ひろ)宮
母新待賢門院(正親町雅子)
天保二・六・一四御誕生
慶応二・一二・二五崩
皇子胤宮 母典侍橋本経子
天保一五・一一・一誕生
弘化二・九・三〇薨
親子内親王 和宮 母同上
弘化三・閏五・一〇誕生
明治一〇・九・二薨
明治天皇 御名睦仁(むつひと)・祐(さち)宮
母従一位中山慶子
嘉永五・九・二二御誕生
明治四五・七・三〇崩
皇女富貴宮 母英照皇太后
安政五・六・二一誕生
安政六・八・二薨
皇女寿万宮 母掌侍堀河紀子
安政六・三・二二誕生
文久元・五・一薨

橋本氏略系図

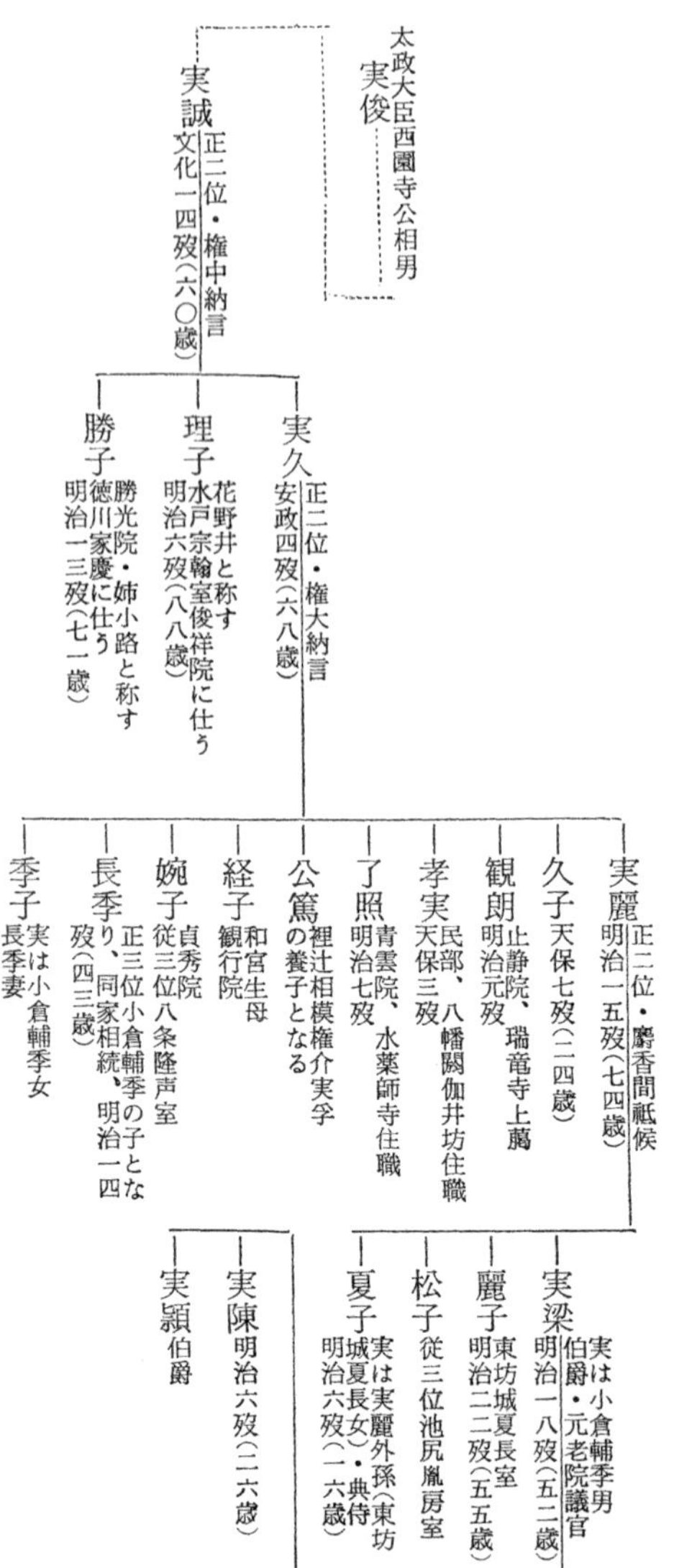

太政大臣西園寺公相男
実俊
実誠 正二位・権中納言
文化一四歿(六〇歳)
実久 正二位・権大納言
安政四歿(六八歳)
理子 花野井と称す
水戸宗翰室俊祥院に仕う
明治六歿(八八歳)
勝子 勝光院・姉小路と称す
徳川家慶に仕う
明治一三歿(七一歳)
実麗 正二位・麝香間祗候
明治一五歿(七四歳)
久子 天保七歿(二四歳)
観朗 止静院、瑞竜寺上﨟
明治元歿
孝実 民部、八幡闕伽井坊住職
天保三歿
了照 青雲院、水薬師寺住職
明治七歿
公篤 裡辻相模権介実孚の養子となる
経子 和宮生母
観行院
婉子 貞秀院
従三位八条隆声室
長季 正三位小倉輔季の子となり、同家相続、明治一四歿(四三歳)
季子 実は小倉輔季女
長季妻
実梁 実は小倉輔季男
伯爵・元老院議官
明治一八歿(五二歳)
麗子 東坊城夏長室
明治二二歿(五五歳)
松子 従三位池尻胤房室
夏子 実は実麗外孫(東坊城夏長女)・典侍
明治六歿(一六歳)
実陳 明治六歿(二六歳)
実頴 伯爵

徳川氏略系図

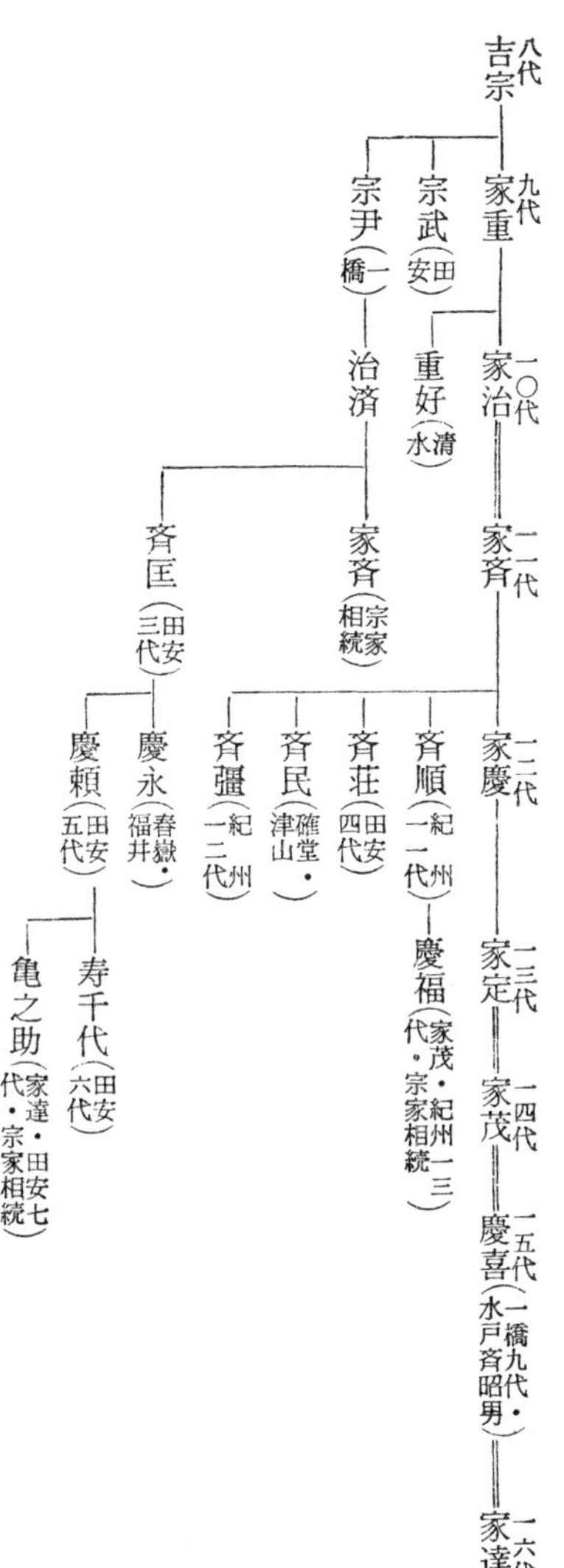

八代 吉宗
九代 家重
宗武（田安）
宗尹（一橋）
一〇代 家治
重好（清水）
治済
一一代 家斉
家斉（宗家相続）
斉匡（田安三代）
一二代 家慶
斉順（紀州一一代）
斉荘（田安四代）
斉民（津山・確堂）
斉彊（紀州一二代）
慶永（春嶽・福井）
慶頼（田安五代）
一三代 家定
慶福（紀州一三代・家茂・宗家相続）
寿千代（田安六代）
亀之助（田安七代・家達・宗家相続）
一四代 家茂
一五代 慶喜（一橋九代・水戸斉昭男）
一六代 家達

略年譜

年次	西暦	年齢	事蹟	参考事項
弘化三	一八四六	一	閏五月一〇日、誕生○一六日、和宮と命名○六月一〇日、橋本実久邸にて養育を仰出さる○九月一七日、箸初の祝	正月二六日、仁孝天皇崩御○二月一三日、孝明天皇践祚○閏五月、米艦来航、通商を打診○家茂誕生○六月、外艦来航相つぐ○八月、海防厳戒の勅諭○一〇月、幕府外交事情奏上○一二月、和宮生母橋本経子(観行院)薙髪
四	一八四七	二	一二月二七日、髪置の祝	
嘉永元	一八四八	三	八月一日、歳替○一二月一四日、色直の儀	
二	一八四九	四	五月二三日、初参内○二六日、橋本実久に御預け	
四	一八五一	六	七月一二日、熾仁親王と婚約○一二月九日、深曽木の儀	
五	一八五二	七	一一月一八日、有卦入の祝	九月、明治天皇御誕生
六	一八五三	八	一一月二四日、紐直の儀	六月、ペリー来航○将軍家慶死去○七月、プチャーチン来航
安政元	一八五四	九	四月六日、皇居炎上により賀茂社に避難の後青蓮	三月、日米和親条約調印、爾後翌年一

			院に移居(一八日帰邸)○一二月、本年より年々米一〇石を観行院に贈与	二月迄に英露仏蘭と条約調印○一二月、毀鐘鋳砲の官符
三	一八五六	一二	九月二三日、幕府婚儀支度料を贈進	一二月、将軍家定、近衛篤姫(島津忠剛女、天璋院)と結婚
四	一八五七	一三	正月二八日、是日橋本実久死去につき宝鏡寺に移居(五月二四日帰邸)○五月一四日、橋本実麗に御預け○一二月一一日、鉄漿始の儀	一〇月、松平慶永ら一橋慶喜を将軍継嗣に擬す○一二月、日米通商条約締結を奏上
五	一八五八	一三	九月、長野主膳、皇女降嫁を献策○一〇月、近衛忠煕、酒井忠義に和宮降嫁策を紹介	二月、堀田正睦入京、条約勅許奏請○三月、条約勅許奏請不允許○将軍継嗣に関し勅旨を下す○四月、井伊直弼大老就任○六月、富貴宮誕生○日米通商条約調印○紀伊慶福(のちの家茂)将軍継嗣となる○七月水戸斉昭ら処罰○家定死去○彦根遷幸奏請の風説あり○八月、時局匡救の勅書を水戸藩等に下す○九月、関白九条尚忠辞表提出○間部詮勝入京○安政大獄起こる○一〇月、九条尚忠の辞表却下○家茂将軍宣下○一二月、鎖港猶予の勅諚を賜う

安政　六	一八五九	一四	四月二七日、明冬有栖川宮に入輿内定〇五月二五日、久我建通ら、和宮の家茂に降嫁を内議	三月、寿万宮誕生〇四月、鷹司政通ら落飾〇八月、水戸斉昭ら処罰〇富貴宮薨去〇一〇月、橋本左内ら刑死
万延　元	一八六〇	一五	二月一六日、酒井忠義、家臣を橋本実麗邸に差遣〇二三日、桂御所に移居〇二—閏三月、長野主膳、三浦七兵衛に降嫁の周旋を依頼〇四月一二日、酒井忠義、幕命により降嫁を出願〇五月四日、天皇降嫁の請願を却下〇一一日、酒井忠義、一存を以て勅許を再願〇一九日、天皇再び却下〇六月二日、勝光院、橋本実麗に降嫁賛成を勧む〇三日、幕府第二回の請願〇二〇日、天皇外交措置決定の上請願すべきことを回答〇七月四日、幕府第三回の請願(一八日却下)〇二九日、幕府攘夷を約して降嫁を切願〇八月八日、降嫁の御勧めを固辞〇一三日、天皇寿万宮を以て和宮に代えんとの思召を示さる〇一五日、降嫁を承諾し希望五件を申入る〇一八日、天皇降嫁勅許を幕府に内達せしむ〇二六日、有栖川宮の婚儀延期願を聴許〇九月五日、幕府、和宮の明後年東下の希望を奉承せず年内の下向を	二月、伏見倫宮江戸紀州邸に入輿〇三月、桜田の変〇六月、議奏徳大寺公純罷免〇八月、水戸斉昭死去〇九月、松平慶永らの慎を免ず〇一一月、幕府プロシア等との条約締結を奏上

文久元

一八六一

一六

請う○一四日、天皇明春の下向を和宮に諭さるるも奉承せず○一九日、天皇、寿万宮を以て和宮に代えんことを幕府に内達せしむ○二一日、酒井忠義、天皇の代案を奉承せず○二六日、天皇、東下時期の解決を九条尚忠に御一任○一〇月五日、天皇の再度の御勧めにより明春の東下を承諾○六日、天皇明春の東下を幕府に達せしめ、条件数項につき確約を求めらる○七日、天皇、和宮に御慰諭の宸翰を賜う○九日、幕府降嫁を正式奏請○一八日、降嫁勅許○一二月一日、プロシア等と条約締結につき天皇婚約破談を関白以下に諮問あり、ついで朝議東下延期に決す○七日、酒井忠義釈明○九日、天皇、東下延期問題の解決を九条尚忠に御一任○一六日、和宮附女官等任命○二一日、関東使参内、降嫁勅許の御礼奏上○二五日、関東使、和宮に納采の礼を行う○二六日、幕府、婚約を祝し廷臣に金員を贈与

三月二日、幕府、和宮の東下延期を請う○四月一九日、内親王宣下、名を親子と賜う○二一日、橋

正月、水戸領内浪士横行す○二月、露艦対馬占有を企つ○幕府関東浮浪の徒

本邸訪問○二四日、石清水社参詣○七月二日、幕府、九―一〇月の東下を請う○五日、明春の下向を切望す○二〇日、天皇、東下延期を幕府に下命○二二日、酒井忠義、今冬の東下を強請○二六日、天皇、婚約破談を関白以下に諮らる○八月二日、天皇、幕府に明春上洛の確約を求めらる○五日、東下の期を一〇月中下旬に定む○一〇日、幕府、東下期日治定を謝し金員を内献○二〇日、乗車試乗の儀○敏宮御殿の造営を請う○九月一四日、修学院出遊○二三日、賀茂社・北野社参詣○二七日、宮中の能楽陪覧○一〇月三日、首途の儀、祇園社参詣○七日、桂御所に於て能を催す○九日、橋本実麗らの病により発輿延期を請う、ついでこれを取止む○一五日、御暇乞参内○一七日、天皇、岩倉具視らに和宮擁護の思召を示さる○二〇日、京都出発○一一月一五日、江戸到着○来る二三日の入城を延期○一七日、上洛問題御所風遵守につきこの前後幕府側と交渉あり○一二月五日、岩倉具視、大奥の内情を京都に報告○一一日、入城の儀

の鎮圧を命ず○三月、薩藩士是枝貞至、和宮降嫁の延期を建議○幕府、両都両港の開市開港延期を諸外国に要請○五月、長井雅楽、公武合体・航海遠略の策を建議○水戸浪士、東禅寺に英公使を襲撃○八月、幕府、品川御殿山に外国公使館設置を許可○久坂玄瑞、和宮降嫁を慨す○幕府、和宮東下沿道の警衛を令す○一〇月、天皇、岩倉具視らに国体保全・公武熟和の施策につき老中との折衝を命ぜらる○一二月、廃帝云々の風評につき家茂自筆の誓書を上る

年	西暦	年齢	事項	一般事項
二	一八六二	一七	○一三日、上洛を明後年に延期 正月二二日、幕府の違約詰責のため勅使東下の議あり○二月一一日、婚儀○一八日、幕府、和宮を御台所と称す○一九日、九条尚忠、田安慶頼に書を送り和宮の礼遇改正を説く○三月二五日、関東使参内、成婚の恩を謝す○四月七日、和宮降嫁の趣旨を朝臣に諭告○五月一九日、天皇、勅使大原重徳東下の趣旨を和宮より家茂に伝えしめらる○一〇月二五日、痳疹に罹る○一一月二三日、幕府、勅旨により御台所の称を和宮の称に復す	正月、坂下門の変○四月、島津久光、国事の周旋に当る○伏見寺田屋事件○鷹司政通ら赦免○五月、幕府、将軍の入京内決○六月、幕府、庶政改革を諸侯に告ぐ○勅使大原重徳、幕政改革の勅旨伝宣○関白九条尚忠辞任○七月一橋慶喜を後見職、松平慶永を政事総裁職となす○八月、生麦事件○久我建通ら蟄居○この前後天誅と称して脅迫事件頻発○閏八月、九条尚忠落飾○参覲交代制の緩和○一一月、幕府、井伊直弼らを追罰○勅使三条実美、攘夷督促・親兵設置の勅旨を伝宣○安政大獄に坐せる諸藩士を赦免○一二月、幕府、関白以下任命に関する制規を改む○英国公使館焼打○塙次郎(忠宝)暗殺○敏宮、桂宮を相続
三	一八六三	一八	二月二四日、家茂上洛(二月一三日出発、六月一	二月、朝廷、攘夷期限の決定を幕府に

			六日帰府）につき黒本尊に御百度を始む○六月七日、大奥の要望により家茂の帰府促進を周旋○一五日、今秋の上洛を延期○八月一八日、天璋院二ノ丸移居につき宮中に差止を依頼○一一月七日、家茂に攘夷断行を勧む○一〇日、家茂上京につきすみやかな帰府を朝廷に請う○一五日、江戸城火災につき吹上に避難、一七日清水邸に移り、二六日田安邸に移る○一二月二八日、家茂上京（二七日出発、翌年五月二〇日帰府）につき黒本尊に御百度を始む	要求○激徒、足利三代の木像を斬る○三月、対英情勢緊迫○攘夷御祈願のため賀茂社行幸○四月、石清水社行幸○幕府攘夷期限を五月一〇日と定む○五月、生麦事件賠償○長州藩、外艦砲撃○七月、薩藩、英艦隊と交戦○八月、攘夷親征のため大和行幸を宣す○政変勃発、大和行幸中止、三条実美ら長州に奔る○大和五条の乱○九月、幕府鎖港談判に著手○一〇月、但馬生野の乱○一二月、松平慶永らに朝政参預を命ず
元治元	一八六四	一九	七月一日、西丸殿舎落成につき移居○九月一一日、橋本実麗差控につき亀戸天神に祈願	四月、幕府に庶政委任の勅○幕府、皇室尊奉のことを奏す○七月、蛤門の変○朝廷、幕府に令して長州藩を討たしむ○八月、四カ国艦隊下関砲撃○一一月、長州藩降伏
慶応元	一八六五	二〇	正月二三日、観行院病気につき金員を贈与○四月一六日、橋本実麗『神皇正統記』等を進呈○五月	二月、長州藩再挙抗戦を決す○四月、幕府、諸藩に長州再征を令す○五月一

三日、旗本の軍粧を見る○一五日、家茂に侍妾を進む○一七日、家茂(一六日征長進発)の武運を祈り摩利支天に御百度を始む○二〇日、黒本尊に御百度を始む○閏五月四日、侍女、謡曲稽古○六月八日、実成院の懐胎祈禱の請を斥く○一三日、日光滝尾権現を祀り家茂の武運を祈る○七月二四日、観行院の位階昇叙を内願(二八日再願)○二六日、観行院の病を親問(二八日・二九日同じ)○八月二七日、観行院の碑銘を作らしむ○一〇月八日、兵庫開港反対の思召を野宮定功に伝え朝廷の善処を求む○一二日、外交方針につき家茂に進言○一八日、条約勅許の経緯を野宮定功に照会○一一月一一日、攘夷の叡慮貫徹の要望を野宮定功に申入れ、善処を求む

五日、家茂、田安亀之助を継嗣とすべきことを内命○八月十日、観行院死去○九月、長州再征勅許○四ヵ国軍艦兵庫沖に来航、条約勅許と兵庫先期開港を要求○阿部・松前両老中罷免の朝命○一〇月、家茂辞表捧呈○条約勅許○一一月、幕府諸藩に長州出兵を命ず

二　一八六六　二一

三月三〇日、橋本実麗に和歌二百首を贈る○五月一二日、家茂の使命達成を祈願○六月四日、長州征討につき有司を誡む○七月九日、家茂病気の報至る○一〇日、家茂の医療を漢方によらしめんとす○一一日、奥医師を上坂せしむ○一六日、家茂の

正月、薩長両藩連合の約成る○幕府の長州処分案勅許○六月、幕府・長州藩開戦○七月二〇日、家茂死去○二九日、一橋慶喜宗家相続勅許○八月、勅して征長の兵を停め、ついで幕府撤兵○九

平癒を祈り黒本尊に御百度を始め、二四日塩断ちあり○二四日、家茂の継嗣に年長の適材を推す○二七日、田安亀之助を継嗣とすべきことを老中に申入る○八月二日、蘭方の典医を停止せんとす○七日、田安亀之助を慶喜の継嗣に予定○九日、実成院の紀州邸移居を止む○一八日、庭田嗣子、和宮の帰京に関し橋本実麗に諮る○九月四日、この頃憂悶の日々続く○一九日、橋本実麗、和宮上京の議を止む○二七日、徳川玄同筆家茂の肖像を書替えしむ○岩倉具視、和宮の帰京を論ず○一〇月五日、外人の江戸市中往来の禁止、邦人の洋風模倣の禁止、攘夷の実行を慶喜に嘱す○六日、家茂の法会執行○一一月一二日、軍装にて御前勤仕を禁ず○一二月九日、薙髪、静寛院と称す○一二日、皇室への忠勤、天璋院への奉養、御所風の遵守を慶喜に申入る○二二日、天皇疱瘡の報至る○兵庫開港の風聞の実否を野宮定功に照会す

月二三日、家茂葬送○一一月、幕府洋装の軍服を定む○一二月五日、慶喜将軍宣下○二五日、孝明天皇崩御

三　一八六七　三二

正月六日、薙髪の髪先を高野山に納む○二月一三日、孝明天皇手向の和歌を京都に送る○三月一九

正月、明治天皇践祚○熾仁親王以下宮・堂上を赦免○三月、兵庫開港勅許の奏

日、攘夷等三ヵ条の要望に対する慶喜の回答を催促(五月二七日再催促)○二五日、橋本実麗、帰京下命の際は承諾あるべきことを通報○四月二八日、橋本実麗に書を送り帰京を諮る○五月八日、天皇、内旨を二条斉敬に下して和宮の還京を図らしむ○九日、橋本実麗、二条斉敬に和宮帰京の措置を執るべきことを要請、爾後しばしば催促○一六日、駒場野の外人居館の建設中止を要望○六月六日、兵庫開港勅許につき時勢を二条斉敬に問う○二〇日、これより先帰京に関する朝幕の折衝始まる○八月二二日、外人調練の状況等を橋本実麗に伝えて善処を求む○二六日、朝廷、正親町三条実愛に和宮上京の斡旋を命ず○九月二日、朝廷、戸田忠至に和宮上京の斡旋を命ず○一八日、上臈藤子ら、和宮の帰京を朝廷に要請○一〇月六日、外人跋扈の形勢を述べて天皇に進退を候す○一六日、命婦能登、和宮の内旨を橋本実麗に伝達○二六日、朝廷、幕府に和宮の今明年中帰京のことを内命、幕府午年まで延期を請う○一一月四日、二条斉敬、

請○五月、兵庫開港勅許○六月、薩土両藩、王政復古の盟約○九月、薩長両藩、討幕の密約○一〇月一四日、討幕の密勅降下○大政奉還○一一月九日、庭田嗣子死去○一二月九日、王政復古

明治元	一八六八	三三	和宮の早期帰京を幕府に交渉〇一二月九日、朝廷、和宮の還京を宮・堂上に布告〇二一日、朝廷、大久保忠寛・勝安芳に和宮の保護帰京につき依頼〇一二月、天皇、和宮に来月上旬帰京あるべき内旨を賜う 正月一五日、慶喜を引見、開戦の事情を聴取〇二一日、上臈藤子に直書を授けて上京せしめ、徳川氏のために歎願(二月三〇日帰府)〇二八日、橋本実麗、徳川家名存続の見込を報ず〇二月一二日、慶喜の恭順監視を輪王寺宮に依頼〇一六日、朝廷、徳川家存続の方針を和宮に内示〇二六日、橋本実梁に書を与え一身の進退につき決を求む〇三月八日、士民鎮撫の諭告を発す〇一〇日、上臈藤子を沼津に遣わし、官軍の江戸進撃猶予、帰順者恩宥のことなどを先鋒総督に歎願〇民心の鎮静を山王社に祈願せしむ〇一一日、侍女玉島を蕨駅に遣わし、官軍の進撃猶予を先鋒総督に歎願〇一八日、重ねて徳川家臣に恭順を諭す〇二八日、江戸開城中止を橋本実梁に諮る〇四月四日、勅使江戸城に	正月三日、鳥羽伏見の戦〇六日、慶喜大坂より東帰(一二日帰府)〇七日、慶喜征討令下る〇一七日、慶喜、松平慶永らに救解を求む〇一九日、仏公使、慶喜に再挙を勧む〇二五日、英米等局外中立を布告〇二月三日、親征の詔下る〇一二日、慶喜、大慈院に屏居謹慎〇一五日、東征大総督熾仁親王進発〇二月、天璋院、官軍隊長に寛典の斡旋を求む〇三月六日、来る一五日を期して江戸総攻撃を下令〇七日、公現親王駿府に至り慶喜の寛典歎願〇九日、山岡・西郷会談〇一四日、五カ条御誓文〇西郷・勝会談〇江戸攻撃中止〇二〇

年次	西暦	年齢	事蹟	参考事項
			臨み、徳川家の処分を伝宣○九日、清水邸に移居○閏四月七日、橋本実梁、徳川家継嗣等につき和宮の意向を徴す、一二日これに回答○五月二五日、諸事省減を令す○二七日、三条実美、帰京勧告の勅旨を伝う○二九日、上京の是非を橋本実梁に内談○六月一一日、上京延期につき侍女に諭告、二四日再び諭告○一四日、駿河移封終了まで上京猶予の旨を奉答○二四日、一身の質素節約を令す○二八日、橋本実麗、内旨により上洛の勅旨奉承を勧む○九月一四日、三条実美、帰京願出を勧む○一九日、京住の是非を橋本実麗に諮る○一〇月二五日、天璋院の住居につき斡旋○一一月一日、天皇に対面、帰京につき打合せ○一二月三日、朝廷、和宮の帰京を徳川家に達す○二三日、芝山内の徳川家廟所等参詣	日、朝議、慶喜の死一等を減ず○二一日、大坂に親征行幸○四月一一日、官軍江戸城接収○慶喜、水戸に退去○榎本武揚ら脱走○二五日、留守諸官に徳川氏処分案を上らしむ○閏四月一〇日、関東大監察使を置く○二九日、田安亀之助宗家相続○五月一五日、官軍彰義隊を討つ○二四日、徳川氏を駿河に封ず○七月一二日、奥羽諸藩抗戦○一七日、江戸を東京となす○八月九日、徳川氏駿河移封○九月二二日、会津藩降伏○一〇月一三日、天皇東京に著御(一二月八日東京発還幸)○一八日、万機親裁の詔下る○一二月二八日、立后
二	一八六九	二四	正日一一日、天璋院を訪問告別○一八日、上洛(二月三日京都著、聖護院を仮邸となす)○二月二四日、参内○三〇日、泉山陵参詣○三月四日、明年仁孝天皇法会まで滞京の命あり○五月一九日、京住の	三月、天皇東京に再幸○九月、慶喜ら謹慎を免ぜらる○一〇月、皇后東京に行啓

明治 三	一八七〇	二五	御沙汰あり○八月五日、住居を栄御殿と称す 正月二五日、仁孝天皇陵参拝○三月四日、旧朝彦親王邸を下賜○五月一一日、三条西季知につき歌道を学ぶ	
四	一八七一	二六	三月一五日、修学院に出遊○二七日、二品宣下の内旨を辞退○四月五日、旧朝彦親王邸に移居○七月三日、家禄千石・化粧料三百石下賜○八月一〇日、観行院七回忌法会を修す	
五	一八七二	二七	八月、家茂七回忌代参差遣○九月一一日、賀茂社参詣、橋本実麗別邸訪問○一八日、橋本実麗編「静寛院宮御苦心一条」を内見○一〇月七日、東京移居内定	四月、皇太后東京に行啓
六	一八七三	二八	三月二〇日、二品宣下○六月七日、稲荷社参詣、宇治遊覧○一〇月一三日、上御霊社参詣、橋本実麗邸訪問○一一月一七日、嵐山遊覧	五月五日、皇居炎上
七	一八七四	二九	六月二四日、東京移居のため京都出発（七月八日著京、麻布の邸に入る）○九月二九日、観行院墓所参詣○一一月一二日、徳川家達を招待○二九日、天璋院・本寿院等招待	

八	一八七五	三〇	一月三一日、天皇・皇后行幸啓○三月一七日、皇太后行啓○六月一〇日、徳川家達を招待○八月一九日、朗詠の稽古を始む○九月一九日、観行院一〇年忌につき増上寺にて仏事聴聞○一〇月九日、徳川邸訪問○二一日、箏の稽古を始む○一一月二七日、徳川家達・天璋院を招待	
九	一八七六	三一	四月六日、岩倉具視邸訪問○一四日、徳川家達を招待○五月五日、天皇・皇后行幸啓○一八日、皇太后行啓○六月五日、徳川邸訪問○一二月一日、天璋院を招待	
一〇	一八七七	三二	八月七日、脚気治療のため箱根塔ノ沢に赴く○九月二日、塔ノ沢にて薨去○六日、遺骸帰京○一三日、葬儀、芝山内に葬る○一一月、中山忠能ら、和宮事蹟の旌表を上願	二月、西南の役起る（九月平定）
一六	一八八三		八月二七日、一品追贈	

主要参考文献

史料

1 『静寛院宮御日記』　五冊　宮内庁書陵部所蔵

和宮自筆本で、明治元年より同六年までの記事を収める。

2 『静寛院宮御詠草』　一四冊　同

和宮自筆の詠草集で、自作の和歌一七〇〇余首を収める。

3 『静寛院宮御文通留』　四冊　同

4 『静寛院宮御文案文写』　二冊　同

庭田嗣子が和宮の旨を奉じ、あるいは自己の用件をもって朝臣・女官との間に往復した書翰の控で、共に嗣子の手写になる。

5 『和宮御側日記』　二九冊　同

庭田嗣子の記録した御側日記で、所収年次は万延元年より慶応三年に至る。嗣子の自筆になる。なお嗣子自筆の御側日記には、このほかに『静寛院宮御側日記』（慶応三年）一冊その他が書陵部に伝存する。

6 『静寛院宮御側日記』 四冊 同

明治三年より同一〇年に至る間の御側日記。

7 『観行院手留』 一二冊 同

観行院自筆の記録で、手留の総名の下に、和宮さまおとめ・御色直し御祝のとめ・御ふかそぎ御祝のとめ・御ふくのとめ（嘉永二年）・御有卦入御祝のとめ・御ひもなおし御祝のとめ・年中のとめ（安政三年）・御雛満のとめ、その他五部の記録を収める。

8 『橋本実麗日記』 四九冊 同

実麗自筆の日記で、所収記事は文政一一年より明治一五年に至る。なお実麗の関係記録には、このほかに『静寛院宮御上洛一条並御在留備志』一冊その他が書陵部に伝存する。

9 正親町公和『静寛院宮御日記』 昭和二年 皇朝秘笈刊行会

上掲の1〜5・7の六部を抄出収録し、ほかに昭徳院凶事留（庭田嗣子の記録、原本は書陵部所蔵）・土御門藤子筆記（明治元年藤子が和宮の命を奉じて徳川家寛典歎願のため京都に使した際の往復日記）を収める。

10 宮内省『孝明天皇紀』 明治三九年 宮内省

11 日本史籍協会『九条尚忠文書』 大正五年 日本史籍協会

12　日本史籍協会『中山忠能履歴資料』　昭和七—一〇年　日本史籍協会

論　著

1　井野辺茂雄「和宮の御降嫁に関する研究」（『史苑』一ノ五　昭和四年）
2　岡部精一「静寛院宮親子内親王」（『歴史地理』二八ノ五　大正五年）
3　樹下快淳「静寛院宮に関する国民の感謝」（昭和二年『明治聖徳記念学会紀要』二七号）
4　同　「和宮静寛院殿の大奥に於ける御生活に就て」（昭和五年『史談会速記録』三八四号）
5　桑原随旭『和宮御事蹟』　大正一〇年　蔵経書院
6　樹下快淳『和宮様の御生涯』　昭和一一年　人文書院
7　維新史料編纂会『維新史』　昭和一四—一六年　維新史料編纂会事務局
8　宮内省『岩倉公実記』　明治三九年　岩倉公旧蹟保存会
9　徳富猪一郎『近世日本国民史』　大正一五—昭和一五年　民友社

著者略歴

一九二〇年生れ

一九四二年東京大学文学部国史学科卒業

宮内庁書陵部編修課長、同正倉院事務所長、

大正大学教授等を歴任

人物叢書 新装版

和宮

一九六五年(昭和四十)二月二十日 第一版第一刷発行

一九八七年(昭和六十二)三月一日 新装版第一刷発行

二〇〇七年(平成十九)十月一日 新装版第五刷発行

著者 武部敏夫(たけべとしお)

編集者 日本歴史学会

代表者 平野邦雄

発行者 前田求恭

発行所 株式会社 吉川弘文館

東京都文京区本郷七丁目二番八号

郵便番号一一三—〇〇三三

電話〇三—三八一三—九一五一〈代表〉

振替口座〇〇一〇〇—五—二四四

http://www.yoshikawa-k.co.jp/

印刷=株式会社 平文社

製本=ナショナル製本協同組合

『人物叢書』(新装版)刊行のことば

人物叢書は、個人が埋没された歴史書が盛行した時代に、「歴史を動かすものは人間である。個人の伝記が明らかにされないで、歴史の叙述は完全であり得ない」という信念のもとに、専門学者に執筆を依頼し、日本歴史学会が編集し、吉川弘文館が刊行した一大伝記集である。

幸いに読書界の支持を得て、百冊刊行の折には菊池寛賞を授けられる栄誉に浴した。

しかし発行以来すでに四半世紀を経過し、長期品切れ本が増加し、読書界の要望にそい得ない状態にもなったので、この際既刊本の体裁を一新して再編成し、定期的に配本できるような方策をとることにした。既刊本は一八四冊であるが、まだ未刊である重要人物の伝記についても鋭意刊行を進める方針であり、その体裁も新形式をとることとした。

こうして刊行当初の精神に思いを致し、人物叢書を蘇らせようとするのが、今回の企図である。大方のご支援を得ることができれば幸せである。

昭和六十年五月

日本歴史学会

代表者 坂本太郎

〈オンデマンド版〉
和　宮

人物叢書　新装版

2021年（令和3）10月1日　発行

著　者　武部敏夫（たけべとしお）
編集者　日本歴史学会
代表者　藤田　覚
発行者　吉川道郎
発行所　株式会社　吉川弘文館
〒113-0033　東京都文京区本郷7丁目2番8号
TEL　03-3813-9151〈代表〉
URL　http://www.yoshikawa-k.co.jp/
印刷・製本　大日本印刷株式会社

武部敏夫（1920～2008）

ISBN978-4-642-75071-4